한형석 평전

음악과 연극으로
조국 광복을 노래한
독립운동가

한형석 평전

장경준 지음

산지니

머리말

폭력과 야만의 시대에 예술로 맞선 자유인(自由人)을 만나다

1948년 9월, 가을색이 완연한 서울 한강변을 거닐던 한 사내가 발걸음을 멈춰 섰다. 유유히 흐르는 강물을 물끄러미 바라보던 사내의 눈가가 촉촉해졌다. 아무것도 모르던 여덟 살배기가 어머니의 손에 이끌려 나고 자란 이 땅을 떠난 지 어언 30년. 서른여덟의 중년 초입에 들어서야 다시 만난 조국의 젖줄은, 머나먼 대륙에서 보낸 파란만장했던 사내의 삶을 말없이 위로하는 듯했다.

사내의 상념은 이내 이역만리 중국 태행산(太行山) 전투에서 목숨을 잃은 동지들 생각으로 옮겨갔다. 생사고락(生死苦樂)을 맹세했던 동지들의 얼굴이 하나둘 떠올랐다. 오로지 조국 광복을 향한 염원 하나로 일어선 그들이었다. 낯선 땅에서 일제에 맞서다 끝내 광복된 조국을 보지 못한 채 눈을 감아야 했던 동지들의 눈동자가 그의 가슴을 무겁게 짓눌렀다. 사내는 다음과 같은 시를 지어 먼저 간 동지들에게 바쳤다.

敵後太行亡戰友　태행산 왜적에 벗들이 전사하여
長安夜雨義兵愁　장안 밤비에 의병들은 수심에 젖었었네.
秋霜歸飮漢江水　반백 머리로 돌아와 한강수 다시 마시니
不見白山水自流　백두산은 보이지 않고 강물만 외로이 흐르네.

사내의 이름은 한형석(韓亨錫). 중국에서 독립운동에 투신했던 부친을 따라 어린 나이에 국경을 넘었던 한형석은 광복 3년 후인 1948년 9월 귀국했다. 그때는 한반도 이남에 대한민국 정부가, 이북에는 조선민주주의인민공화국 정부가 각각 수립된 직후였다. 타국에서 조국 광복 소식을 접한 한형석은 곧바로 조국 땅을 밟고 싶었으나 사정이 여의치 않았다. 그가 귀국을 미룬 채 광복군 총사령부의 명을 받아 재중 교민과 한인 출신 병사의 귀국송환사업에 투신하는 3년간 국내의 정치 상황은 예상치 못한 방향으로 흘러갔다.

1945년 8월 15일, 마침내 맞이한 광복. 비록 일본 제국주의의 패망과 함께 찾아온 광복이었지만, 나라를 빼앗긴 뒤 국내외에서 줄기차게 전개했던 독립투쟁으로 거둔 피땀 어린 열매이기도 했다. 삼천리 곳곳이 자유와 희망으로 들뜬 가운데 각계각층에서 독립된 국가 건설을 위한 움직임이 일었다.

일제의 패망을 예견하고 새로운 국가 건설을 준비했던 대한민국임시정부는 민주공화국 수립을 규정한 대한민국 건국 강령을 제정, 공포했다. 사회주의 계열인 조선독립동맹을 비롯해 만주지역에서 항일운동을 전개했던 단체도 건국 준비를 서둘렀다. 국내에서는 조선건국동맹이 여운형(呂運亨) 주도 아래 민주공화국 건설을 위한 원칙을 발표했다.

하지만 건국 운동으로 표출됐던 독립국가 건설의 열망은 승전국 연합국의 이권 경쟁에 묻히고 말았다. "북위 38도선을 경계로 미국과 소련이 한반도를 분할 점령한다."라는 연합국의 방침에 따라 이북에는 소련군의 간접 통치가, 이남에는 미군의 직접 통치가 시행됐다. 미·소의 분할 점령은 우리 민족을 우익과 좌익으로 분열시켰고, 좌우 대립은 이후 신탁통치 문제를 둘러싸고 한층 거세졌다.

결국, 광복 3년 후인 1948년 8월부터 9월 사이 38도선 이남과 이북에 각각 독립된 정부가 들어서면서 완전한 자주독립 국가 수립의 꿈은 멀어졌다. 더구나 미군정은 행정상 편의를 이유 삼아 일제의 통치기구와 제도를 승계하고 친일 관리와 경찰을 그대로 고용함으로써 친일파 청산을 바라던 민심을 외면하는 결과를 낳았다.

조국에 돌아온 한형석을 누구보다 반긴 이는 이범석(李範奭)이었다. 초대 정부의 국무총리 겸 국방부장관을 맡고 있던 그는 광복 직전 한국광복군 제2지대장으로 활약한, 한형석의 직속 상관이었다. 옛 부하가 임무를 완수한 뒤 귀국했다는 소식을 들은 그는 기꺼이 한형석을 자신의 집에 머물도록 했다. 한형석은 그의 진심 어린 환대와 배려 덕분에 고단한 몸을 잠시 누일 수 있었다.

하지만 그러는 동안에도 한형석의 머릿속은 복잡했다. 당시 조국의 현실은 그를 편히 쉬도록 놓아주지 않았다. 자신과 동지들이 목숨을 걸고 지켜내려 했던 독립된 국가의 모습과는 너무도 거리가 멀었기 때문이었다. '이러자고 모든 걸 버리고, 동지들은 목숨까지 바쳤던 것인가?' 동지들의 숭고한 희생이 무위로 돌아간 듯해 회의감마저 들었다.

한동안 무기력에 휩싸였던 한형석은 얼마 후 마음을 추슬렀다. 비록 그와 동지들이 꿈꾸던, 온전한 형태는 아니었지만, 독립된 조국을 위해 무언가를 해야 할 때라는 데 생각이 미쳤다. 결심이 선 어느 날, 한형석은 이범석에게 고향 부산에서 남은 인생의 새 출발을 해보겠다는 뜻을 밝혔다. 이범석도 그를 응원했다. 며칠 후 한형석은 부산행 기차에 몸을 실었다. 그가 일제 치하 예술 독립운동가에서 광복 후 예술가 겸 교육자로 삶의 궤적을 옮기는 순간이었다.

한형석 선생은 폭력과 야만이 판치던 제국주의 시절, 예술을 무기로 중국에서 항일운동을 펼친 독립운동가다. 어린 시절, 선생은 항일독립운동을 한 아버지 한흥교(韓興敎)를 찾아 중국에 건너갔다. 상하이 신화예술대학을 졸업하고 산둥성에서 교사로 재직하며 활발한 창작활동을 했다. 중국 예술계에서 두각을 나타낸 그의 모든 예술작품에는 항일정신이 배어 있었다. 중국에서 항일독립운동을 펼친 아버지의 영향을 받은 까닭이었다.

선생은 중일전쟁(中日戰爭)이 발발하자 항일연극대에서 활동하다가 중국군에 입대해 예술부장을 맡아 다양한 선무 공작을 펼쳤다. 그 무렵, 선생의 항일 창작활동이 본격적으로 전개됐다. 우리

음악사를 길이 빛낼 항일가극 〈아리랑〉을 만든 것도 이때였다. 그의 항일 예술혼은 한국청년전지공작대와 한국광복군 입대를 계기로 더욱 뜨겁게 타올랐다. 〈광복군 제2지대가〉, 〈압록강행진곡〉을 위시한 수많은 군가들은 광복군을 분기탱천(憤氣撑天)하게 했고, 항일 가극은 한국인을 넘어 중국인의 항일 의지도 북돋웠다.

광복 후 고향 부산에 돌아와서도 선생의 예술혼은 꺼지지 않았다. 그의 예술혼은 광복된 조국에서 더 뜨겁고 더 환하게 빛났다. 부산국립극장 운영, 세미다큐멘터리 영화 〈낙동강〉의 기획과 제작, 자유아동극장의 설립과 운영 등은 선생의 뜨거운 예술혼으로 빚어낸 대표적 성과였다. 선생의 열정은 음악과 연극을 뛰어넘어 서예, 그림, 시문에서도 일가를 이룰 정도였다. 또한, 그는 교육자이기도 했다. 색동야학원을 운영해 6 · 25전쟁으로 고아가 된 아이들을 거두어 교육했고, 부산대학교 교수로 재직하며 조국의 미래를 짊어지고 갈 젊은이들에게 나라 사랑 정신을 일깨웠다.

한형석 선생의 삶은 광복 후 귀향한 시점을 기준으로 크게 이분된다. 광복으로 귀향하기 전 그는 광활한 중국 대륙에서 젊은 시절을 보냈다. 이 시절 선생의 창작열, 항일의지, 사랑은 그의 나이만큼이나 치열했다. 귀향 후 맞은 중년과 노년에도 예술혼만큼은 젊은 시절에 결코 뒤지지 않았다.

반면에 선생의 일상은 늘 조용했다. 그는 30년 만에 돌아온 해방된 조국에서 반세기에 걸친 자신의 과거를 드러내려고 하지 않았다. 다만, 자신을 '광복군 노병' 정도로만 표현할 뿐이었다. 자신을 드러내지 못해 안달인 지금과 달리 겸양지덕(謙讓之德)이 미덕인 시절이었다 해도 선뜻 이해되지 않는 지점이다.

처음에는 필시 무슨 사연이 있을 것이라고 생각했다. 하지만 선생과의 인연을 14년째 이어오며 부족하나마 느낄 수 있었다. 광복 후 귀향하기 전까지 중국군 신분으로 일제에 맞서 싸웠으나 그는 이방인일 수밖에 없었다. 이후 한국청년전지공작대와 한국광복군에서 항일무장투쟁을 벌일 때도, 고향에 돌아와 다양한 활동을 할 때도 선생은 한국어보다는 중국어가 더 능통한 '또 다른 이방인'이었다. 그렇게 선생은 중국에서도 한국에서도 늘 '경계인(境界人)'이었다.

어디에도 온전히 속하지 못한 경계인의 삶은 오히려 자유를 향한 선생의 목마름을 자극했다. 그가 남긴 항일 예술작품에는 조국을 강제로 빼앗은 일제로부터 벗어나려는, 독립 조국에서 자신의 예술세계를 맘껏 펼치려는 강한 자유 의지가 진하게 배어 있다. 선생이 고향에 돌아와 야심차게 시작한 아동극장의 이름이 '자유아동극장'인 것도 이와 무관하지 않다.

선생이 스스로를 '먼구름'이라고 칭한 것도 같은 맥락으로 이해할 수 있다. 구름은 어디든 자유롭게 떠다닌다. 그러나 자유로운 대신 어디에도 영원히 머물지 않는다. 무엇에도 구애받지 않지만, 그렇기에 무엇에도 뿌리내리지 않는…. 먼구름 한형석 선생은 그렇게 경계에 선 자유인이었다.

필자가 먼구름 한형석 선생과 인연을 맺은 것은 지난 2006년이다. 당시 부산근대역사관에 근무하며 선생 서거 10주년 기념 특별

전 〈대륙에 울려 퍼진 항일정신-먼구름 한형석의 생애와 독립운동〉을 기획한 것이 계기였다.

전시를 준비하며 그동안 미처 몰랐던 사실을 알아갔다. 선생이 예술구국(藝術求國)이라는, 독립운동사 연구자들에게조차도 생소한 분야에서 활약한 독립운동가라는 점, 한국이 아닌 중국 연구자들이 선생을 주목하고 연구하고 있다는 점, 선생이 우리 독립운동사의 큰 인물인 한흥교 선생의 아들이라는 점 등이 필자의 전시 욕구를 한층 돋우었다.

유족 대표인 선생의 장남 한종수 님의 도움을 받아 짧은 시간이었지만 기꺼운 마음으로 전시를 준비했다. 시민과 학계의 반향도 적지 않았다. 선생의 존재를 알리는 데 미력이나마 보탰다는 생각에 보람도 컸다. 필자는 지난 20여 년간 많은 전시를 기획했지만, 지금도 가장 의미 있는 전시를 꼽으라면 주저 없이 이 전시를 꼽는다.

돌이켜보니 당시 전시는 엉성하기 짝이 없었다. 열정과 의욕만 앞섰을 뿐 군데군데 오류가 많았다. 선생이 예술혼으로 불태운 나라 사랑 정신을 제대로 표현하지도 못했다. 아쉬움이 커 추후 자료를 더 찾아 꼭 보완하리라 다짐했다. 하지만 번잡한 세상사에 쫓겨 차일피일 미루는 사이 어느새 14년이 흘렀다.

마음 한편이 늘 무겁던 차에, 한종수 님이 올해 초 연락을 주셨다. 선친 탄신 110주년을 맞아 의미 있는 행사를 기획하고 평전도 간행할 계획이라고 말씀하셨다. 그러고는 필자에게 평전 집필을 부탁하셨다. 그전에도 한종수 님과 필자는 이따금 한형석 선생께서 생전에 자주 찾으셨던 부산포에서 막걸리 잔을 기울이곤 했다. 그때마다 지난 전시를 꼭 보완하고 싶다고 한 필자의 말을 마음에 담고 계셨던 모양이다. 평전 집필로 그간의 짐을 조금이나마 덜 수 있게 해주시려는 한종수 님의 따뜻한 마음이 전해져 더없이 감사했다. 그러면서도 필자 스스로 일천한 학문에, 언제나 의욕만 앞서지 글재주가 없다는 것을 잘 알고 있기에 주저하지 않을 수 없었다.

며칠간 고민이 이어졌다. 한형석 선생의 숭고한 삶에 누를 끼칠 바에야 아예 시작도 하지 말아야 한다고 생각했다. 그러나 집필을 담당할 연구자를 찾기 어려운 상황에서 물러서는 것이 능사가 아니라는 판단이 일었다. 아직도 선생의 체온이 느껴질 것만 같은 부산포에서 꺼냈던 말이 자꾸 뇌리에 맴돌았고, 책임을 저버리는 듯해 곤혹스러웠다. 두렵지만 용기 내 한종수 님의 제안을 수락했다. 인연이고 운명이라고 생각했다. 당신처럼 자유롭게 살기를 바라는 필자에게 선생께서 좀 더 큰 가르침을 주시려는 거라고 스스로를 다독였다.

집필을 수락하고 나서 우선, 늘 아쉽게 생각했던 부분을 보완하고자 했다. 그리하여 한종수 님과 선생께서 주로 활동하셨던 상하이, 시안, 베이징 등을 돌아보고 자료 조사와 관계자 면담을 진행하기로 뜻을 모았다. 나름 야심찼던 계획은 올 초부터 대유행해 지금까지도 종식되지 않고 있는 COVID-19라는 복병을 만나 물거품이 되었다. 매우 안타까웠다. 하지만 근년에 몇몇 연구자들이 선생을 연구해 내놓은 성과가 있어 많은 도움을 받을 수 있었다.

그나마 다행으로 여기며, 지면을 빌려 연구자들께 진심으로 감사한다.

고백하자면, 평전을 쓰는 일은 쉽지 않았다. 투박하기 그지없는 초고를 꼼꼼하게 검토하고 미진한 부분을 바로잡아 주신 한종수 님과 부산일보 이상헌 기자님 덕분에 두려움과 부끄러움을 어느 정도 덜 수 있었다. 고(故) 김재승 님은 선생에 대한 열정으로 중국 현지를 답사하고 자료도 꼼꼼하게 수집 정리해 이 글을 쓰는 데 큰 도움을 주셨다. 박학한 필자를 늘 자상하게 지도하고 격려해주시는 윤용출 교수님, 지난 2006년 전시를 함께 하고 아낌없이 조언해주신 부산근대역사관 최정혜 관장님과 부산박물관 박미욱 팀장님께도 감사드린다. 평전을 출간하는 데 재정 지원을 해주신 부산문화재단 강동수 대표님과 송수경, 권영훈 님께도 감사드린다. 끝으로 원고 마감 약속을 여러 번 어기고 문장도 난삽해 사실 확인과 교정을 하느라 고생하신 산지니출판사 강수걸 대표님과 박정은 팀장님께 미안하고 감사할 따름이다.

2020년 10월 8일

오륙도 뒤 먼 구름을 바라보며

장경준

차례

1장

조국의 흙과 명주 태극기

1
운명의 밤

1927년 6월 어느 토요일 밤. 고향으로부터 조부 한규용(韓奎容)의 부고(訃告)가 날아들었다. 아버지는 조부의 임종을 지키지 못한 불효에 통탄했다. 그리고 밤새워 고심한 끝에 18세 어린 아들 한형석만 베이징에 남겨둔 채 고향에 돌아가기로 결정했다.

이튿날 저녁, 한형석은 아버지와 마주했다. 아버지는 형석에게 보따리 하나를 건넸다. 그 속에는 고향에서 가져온 흙 한 줌과 명주에 그린 태극기 한 장이 담겨 있었다. 아버지는 그저 눈물만 흘릴 뿐 아무 말이 없었다. 어머니도 한형석의 헌 옷가지를 바느질하며 슬피 울고 있었다. 그날 밤 아버지는 한형석을 다시 불러 돈뭉치를 건넸다. 노하고급중학교(潞河高級中學校)를 졸업하고 대학에 입학할 때까지 쓸 돈이었다. 그러고선 졸업 후에 만주로 가 의과대학에 진학하라고 말했다.

어린 한형석은 날이 밝으면 부모 형제와 떨어져 낯선 이국에서 홀로 지내야만 하는 상황이 그저 혼란스럽기만 했다. 대체 자신에게 이런 일이 왜 일어나는 것일까? 학업도 포기하고 가족을 따라 가고 싶은 마음뿐이었다. 하지만 한형석은 곧 모든 게 자신의 운명이란 것을 깨달았다. 즉, 아버지가 소중하게 간직해 온 조국의 흙과 명주 태극기를 자신에게 건네며 중국에 홀로 남겨둔 것도, 또 졸업 후 만주로 가라고 한 것도 모두 독립운동의 길을 걸으라는 뜻이었다는 것을 알아챈 것이다.

당시 아버지는 중국을 무대로 활발하게 독립운동을 했다. 일본에서 의학을 공부하고 의사 자격까지 있는 터라 고향에서 안락한 삶을 살 수도 있었다. 하지만 아버지는 이를 마다하고 오로지 독립운동에만 매달렸다. 일제도 이런 아버지를 예의주시하고 있어 고향에서의 독립운동에는 제약이 많을 게 불을 보듯 뻔했다. 자식 도리를 할 것인가? 아니면 사사로운 정을 내려놓고 대의를 좇을 것인가? 고향에 돌아오라는 조부의 숱한 요청을 물리쳐온 아버지였지만 조부가 돌아가신 마당에 장남의 도리를 외면할 수는 없었다. 아버지에게 잠시 독립운동과 거리를 둘 수밖에 없는 상황이 찾아온 것이다. 이 또한 아버지의 운명이었다. 아버지는 아들 한형석이 중국에 남아 자신을 대신해 줄 것을 바랐다. 소중하게 간직한 조국의 흙과 명주 태극기를 형석에게 준 것은 그 때문이었다. 또 아들에게 험난한 길을 걷게 할 수밖에 없었던 아버지의 애끓는 마음이 뜨거운 눈물로 흘러내렸던 것이다. 아버지는 어쩔 수 없이 귀국길을 택했지만 다시 중국에 돌아올 생각이었다. 형석에게 만주의 의과대학에 진학하라고 한 것은 그 때문이었다.

다음 날 아침, 한형석은 베이징역에서 가족과 단장(斷腸)의 이별을 했다. 한형석은 가족들이 탄 기차가 성 밖으로 사라지는 것을 지켜본 뒤 퉁저우(通州)행 기차를 타고 학교로 갔다. 책상에 앉았지만 공부가 될 리 없었고 밥도 넘어가지 않았다. 밤이 되어 기숙사에 들어서자 이별의 슬픔과 고독감이 한꺼번에 밀려왔다. 다섯 살이 되어서야 겨우 얼굴을 볼 수 있었던 아버지. 형석은 다시 아버지와 이별해야 하는 기막힌 상황이 쉽게 받아들여지지 않았으나 운명으로 받아들일 수밖에 없었다. 눈물로 밤을 지새우는 사이 아버지와 함께 지낸 13년이 주마등처럼 스쳐 갔다.

출생과 가계

1910년 2월 21일, 사내아이의 우렁찬 울음소리가 경상남도 동래군 교동, 오늘날 부산광역시 동래구 명륜동에 위치한 청주 한씨 기와집 담장을 넘었다. 1900년에 혼인한 한흥교(韓興教, 1885~1967)와 이인옥(李仁玉, 1883~1963) 부부가 첫 아들 원석(元錫)을 낳은 지 7년 만에 얻은 둘째 아들이었다.

당시 한흥교는 오카야마(岡山)의학전문학교에 재학 중이었기 때문에 차남의 탄생을 지켜보지 못했다. 한흥교의 부친 한규용(韓奎容)은 둘째 손자에게 '형석(亨錫)'이라는 이름을 붙였다. 한흥교 부부는 형석을 낳은 뒤에도 아들 천석(天錫), 화석(華錫)과 딸 연석(燕錫), 갑석(甲錫), 정석(貞錫)을 더 낳아 모두 4남 3녀를 두었다.

조부 한규용은 부인 연주(延州) 현(玄)씨와의 슬하에 흥교, 운교(雲教), 정교(正教), 영교(永教), 신교(信教)의 다섯 아들과 딸 정수

(貞洙) 등 6남매를 두었다.[1] 1900년 무렵 그는 연죽철(煙竹鐵, 담뱃대) 공장을 경영했는데, 직공만 20여 명에 달할 정도로 규모가 제법 컸다. 그는 이 공장에서 대나무 담뱃대보다 품질이 좋은 백동합금 담뱃대를 제작, 동래장이나 보부상을 통해 전국으로 판매했다.[2] 그뿐 아니라 적지 않은 양의 농사도 지어 상당한 재산을 축적할 수 있었다.[3] 그는 자연히 동래의 유지(有志)로 성장했고, 1913년 동래기영회(東萊耆英會)에도 가입해 활동했다.[4]

조부는 한학(漢學)을 공부했지만, 신문물과 신지식에도 관심이 많았다. 1898년 9월 창간한 황성신문(皇城新聞)을 1910년 8월 폐간할 때까지 한 호(號)도 빠짐없이 구독하고 보관했다. 장남의 상투를 손수 잘라냈을 만큼 개화에 적극적이었던 그는 1907년 전국에서 일어난 국채보상운동을 비롯해 5월 21일 재일본 유학생들의 어려운 형편을 돕고자 결성된 재일본단지유학생학자금모집운동에도 참여했다.

이처럼 한형석은 넉넉한 가계를 바탕으로 일찍이 신문물과 신학문을 받아들인 유복한 집안의 자제로 태어났다. 하지만 그가 태어난 1910년은 노골화한 일제의 대한제국 강제 병합 야욕에 우리 민족이 격렬히 저항했던 시기였다. 그해 2월 14일은 1909년 10월 중국 하얼빈역에서 이토 히로부미(伊藤博文, 1841~1909)를 저격한

---

1 한규용 묘비명.

2 한형석, 「나의 人生 나의 보람」; 한원석, 「동래사람-나의 인생 회고」, 『동래저널』 제1호, 1991.

3 한형석, 「나의 人生 나의 보람」.

4 동래기영회, 『동래기영회 150년사』, 1996.

안중근(安重根, 1879~1910) 의사가 뤼순(旅順)의 지방법원에서 사형 선고를 받은 날이기도 했다. 일제는 1910년 3월 서둘러 안중근을 처형한 뒤 병탄 정책을 강행했다.

한형석이 태어난 지 반년 만인 8월 28일 한일병합조약(韓日合邦條約)이 강제로 체결되면서 조국은 일제의 식민지로 전락하고 말았다. 어쩌면 그는 거친 세파의 소용돌이로 빠져들 수밖에 없는 숙명을 타고났는지도 모른다. 그래서일까. 한형석은 자신이 태어난 해를 '그렇게도 운 나쁜 해'라고 표현했다.[5]

아버지와의 첫 만남

한형석은 다섯 살이 되던 1915년 봄이 되어서야 처음으로 아버지 한흥교의 얼굴을 볼 수 있었다. 5년 만의 부자 상봉은 먼 타국 낯선 하늘 아래서 이뤄졌다.

아버지가 1911년 일본에서 중국으로 망명해 독립운동에 본격적으로 투신하는 동안 동래의 가족들은 아버지 소식을 일체 알 수 없었다. 조부는 아버지의 거취를 알아내기 위해 사방으로 수소문해봤지만 소용없었다. 아버지의 생사조차 알지 못하는 상황에서 한형석의 가족들은 그저 애만 태울 뿐이었다.

그렇게 4년여가 흐른 1915년 봄, 한 아저씨가 집 문을 두드렸다. 조부를 만난 자리에서 아저씨는 자신을 '흥교의 친구'라고 소개했

5 한형석, 「나의 人生 나의 보람」.

다. 아저씨는 조부에게 "홍교가 현재 중국에서 진료소를 경영하고 있습니다."라고 귀띔했다. 애타게 기다리던 아버지의 소식을 접한 조부는 안도와 기쁨의 눈물을 흘렸다. 어머니는 방문을 걸어 잠근 채 온종일 울었다. 조부는 이웃 사람들을 불러 잔치를 벌였다. 잔치를 파하고 모여 앉은 가족들은 아버지가 아저씨에게 '가족에게 내 소식을 전하지 말아 달라.'라고 당부했다는 사실을 떠올리고 수심에 잠겼다. 아버지가 귀국을 마다하고 중국으로 건너간 이유가 독립운동에 투신하기 위한 것이었음을 눈치챘기 때문이다.

조부는 마음이 바빠졌다. 어머니를 재촉해 아들들(한원석과 한형석)을 데리고 중국 상하이로 가도록 했다. 또 서울 경신중학교(儆新中學校)에 다니던 삼촌(한정교)도 동행토록 했다. 1915년 5월, 여섯 살배기 한형석은 어머니와 형, 삼촌과 함께 부산을 출발, 일본 시모노세키(下關)와 나가사키(長崎)를 거쳐 상하이에 이르는 긴 여정에 올랐다. 부산항에서 관부연락선(關釜連絡船)에 몸을 실은 일행은 이튿날 시모노세키에 도착했다. 한형석은 형, 삼촌과 함께 태어나 처음 보는 풍광을 즐기느라 마냥 신바람이 났다. 하지만 멀미를 심하게 한 어머니는 시모노세키에 도착했을 때 이미 녹초가 돼버렸다.

시모노세키에서 하루를 보낸 일행은 기차를 타고 나가사키로 향했다. 나가사키에서 출항하는 상하이행 배는 사흘 뒤에나 있었다. 그렇게 사흘을 더 기다려 배에 올랐고, 또 사흘을 더 바다 위에서 보낸 뒤에야 상하이에 입항할 수 있었다. 5월, 봄 햇살에 반사되는 상하이를 바라보니 한형석은 자신이 다른 세상에 와 있는 것 같았다.

삼촌은 일행을 안내할 이와의 약속 장소를 찾기 위해 주소가 적힌 쪽지를 들고 앞장서 걸었다. 상하이 중심가인 대마로(大馬路)를 거침없이 질주하는 삼촌의 모습은 어린 한형석의 눈에도 멋져 보였다. 쪽지에 적힌 주소는 한 병원이었다. 일행이 병원 앞에 도착하자 병원 문이 부서질 듯 열리면서 중국인으로 보이는 한 아저씨가 뛰어나왔다.

아저씨는 삼촌을 와락 껴안으면서 "정교야!" 하고 외쳤다. 이어 형과 자신을 양팔에 번쩍 들어 안았다. 그 뒤 형에게 "원석이 이놈 많이 컸구나." 하더니, 자신을 보고는 "네 이름이 뭐지?" 하고 물었다. 어리둥절해 있는 자신을 대신해 형이 "형석이요." 하고 대답하자 그는 "내가 네 아버지야." 하면서 턱수염을 자신의 얼굴에 비벼댔다. 한형석의 두 볼에 까칠한 촉감이 전해졌다. 부자 상봉을 말없이 바라보던 어머니는 하염없이 흐르는 눈물을 손수건으로 꾹꾹 누르고 있었다.

아버지는 한참 만에 두 아들을 품에서 내려놓았다. 그제야 울고 있는 어머니의 손을 조용히 잡았다. 만 5년 만에 가족이 한자리에 모인 것으로, 특히 한형석에게는 꿈에서라도 보고 싶었던 아버지와 처음 대면하는 감격스러운 순간이었다. 가족의 상봉은 갑작스럽게 이뤄졌다. 일행은 원래 그곳에서 안내를 받아 아버지가 있는 곳으로 찾아갈 계획이었으나, 한시라도 빨리 가족과 만나고 싶었던 아버지가 미리 마중을 나온 까닭이었다. 조부가 아버지 친구에게 알아낸 주소로 전보를 쳐 가족이 상하이행 배에 오른 사실을 미리 알린 것이었다.

한형석 가족은 병원에서 하룻밤을 보내며 모처럼 행복한 시간을 보냈다. 높은 건물과 가로등, 자동차가 내뿜는 불빛들이 한데 어우러진 상하이의 밤거리는 그야말로 휘황찬란했다. 무엇보다 형석은 고향의 친구들처럼 아버지와 어머니 손에 이끌려 뛰고 매달리며 한껏 어리광을 부릴 수 있다는 게 더없이 좋았다.

자싱에서의 행복했던 시간, 그리고 귀국

한형석 가족은 이튿날 조그마한 배를 타고 아버지의 거처가 있는 저장성(浙江省) 자싱(嘉興)으로 이동했다. 해가 질 무렵 도착한 자싱은 이름 그대로 아름답고 큰 도시였다. 자싱은 장제스(蔣介石, 1887~1975)의 고향인 저장성에 속한 곳으로, 산물이 넉넉하고 많은 고장이라는 의미에서 '어미지향(魚米之鄕)'으로도 불렸다. 아버지가 지내는 곳은 교외에 자리한, 중국인 동지 장즈신의 거대한 저택이었다. 아버지는 그 저택 한 칸을 빌려 진료소를 운영하고 있었다.

한형석의 눈에 비친 장즈신의 저택은 거대한 성을 연상시켰다. 집을 둘러싼 성벽을 지나 안으로 들어서니 수십 채의 기와집이 빽빽이 들어차 있었다. 진료소는 첫 번째 대문 옆에 자리 잡았고, 진료소 옆방은 생활공간으로 꾸며져 있었다.

주인집 사람들은 한형석 가족을 마치 오래전부터 알던 사이처럼 친근하게 대했다. 특히, 가장 어린 한형석은 귀여움을 독차지했다. 낮이면 형과 주인집 아이들을 따라 대문 밖 호수에서 고기잡이를 즐겼다. 엉터리 낚시 끝에도 손바닥만 한 물고기가 달려 올라올 정도로 호수에는 물고기가 많았다. 말이 통하지 않아 행동에 제약이 따르는 것을 빼면 별다른 불편은 없었다.

하루는 주인집 어른의 부름을 받고 집안에서 제일 큰 방으로 안내됐다. 형석의 눈에 그 방은 소강당만큼 크게 보였다. 방 안에서는 장즈신 가문을 대표한 100여 명의 어른이 제사를 지내는 중이었다. 방 둘레 벽에는 30여 장의 커다란 초상화가 걸려 있었고, 그 아래에는 맛있는 음식들이 즐비했다. 그날 형석의 가족은 모두 포식을 했다.

한형석이 가족과 마냥 즐거이 보내던 그때, 어머니는 고향에서 이제저제 장남의 귀환만을 기다릴 조부모 생각에 마음이 편치 않았다. 어머니는 아버지에게 "노부모를 모셔야 할 장남으로서 자식 도리는 해야 하지 않겠느냐."라며, 자식들의 교육 문제도 있으니 하루빨리 고향으로 돌아가자고 거듭 재촉했다. 하지만 그럴 때마다 아버지는 고개를 가로저었고, 때론 "가정보다 나랏일을 무겁게 받아들여야 한다."라며 화를 내기도 했다.[6] 그 무렵 아버지의 관심은 온통 독립운동에 가 있었다.

시간은 흘러 한형석 가족이 중국에 머문 지도 어느새 1년이 다 돼갔다. 그러던 1916년 3월의 어느 날, 고향으로부터 조부가 위독하다는 내용의 전보가 한 통 날아들었다. 한사코 귀국을 마다하

6 한형석, 「나의 人生 나의 보람」.

던 아버지였지만, 더는 버틸 수 없었다. 당장 귀국 준비를 서둘렀다. 이튿날, 한형석 가족은 봇짐 몇 개를 지고 상하이로 향했다. 1년 전, 가족이 5년 만에 상봉했던 바로 그 병원의 같은 방에서 하룻밤을 지낸 뒤 일본행 배에 올랐다.

일곱 살이 된 한형석의 작은 가슴도 '조부가 돌아가시면 어쩌지?' 하는 생각으로 불안했다. 시모노세키에서 배를 갈아타고 부산항에 도착했다. 가족은 누가 먼저랄 것도 없이 걸음을 재촉했다. 전보의 내용만으로는 조부의 병세를 가늠하기 힘들었기에 아버지의 머릿속은 복잡하기가 그지없어 보였다.

다시 찾아온 이별

고향집 대문에서 가족을 맞이한 이는 다름 아닌 조부였다. 어안이 벙벙한 한형석 가족에게 조부는 너털웃음을 지으며 자초지종을 설명했다. 수차 귀국을 종용했으나 묵묵부답인 아버지를 억지로라도 귀국하게 하려고 조부가 거짓으로 전보를 한 것이었다.[7] 이유야 어떠하든 아버지와 어머니는 조부의 무탈한 모습에 가슴을 쓸어내렸다. 배 안에서 마음을 졸였던 한형석 형제도 기쁨에 겨워 조부에게 매달렸다.

조부는 아버지가 행여 또다시 고향을 등질까 걱정이 앞섰다. 이에 논을 팔아 마련한 자금으로 당시 동래에서 제일가는 부자였던

---

7 한형석, 「나의 人生 나의 보람」.

오종식(吳宗植, 전 서울신문사장)의 사랑채에 병원을 열어주었다. 이것이 바로 '대동병원(大同病院)'으로, 오늘날 동래 대동병원의 시초였다.[8] 병원은 개원과 동시에 환자들이 밀려들었다. 아버지는 환자 진료에 성심을 다하며 의사로서의 역할에 집중했다. 하지만 이런 생활은 그리 오래가지 못했다. 아버지가 중국에서 독립운동에 가담한 사실을 인지한 일본 관헌이 요시찰 인물로 지목했기 때문이다. 또 아버지가 귀향 후에도 해외 독립운동단체와 깊이 관계하고 있다고 판단했다. 이에 일제 경찰은 병원을 찾아와 아버지를 감시하는 한편, 수시로 동래경찰서로 연행해 괴롭혔다.[9]

결국, 아버지는 1916년 말에 대동병원을 폐원하고 다시 망명길에 올랐다. 목적지는 중국 베이징(北京)이었다. 아버지를 이역으로 떠나보내는 조부의 심정은 안타까움으로 가득 찼다. 또다시 남편과 생이별을 하게 된 어머니 역시 이루 말할 수 없는 슬픔에 잠겼다. 고향에서 조부모와 부모의 귀여움을 독차지하며 행복으로 채워갔던 한형석의 유년에도 먹구름이 드리우기 시작했다.

베이징에서 다시 만난 아버지

아버지는 베이징으로 망명한 이듬해인 1917년, 가족을 베이징으로 불러들였다. 며칠을 두고 고심하던 조

8 한형석, 「나의 人生 나의 보람」.

9 면담 이정식, 편집해설 김학준, 앞의 책, 191~192쪽.

부도 중국행을 허락했다. 문제는 지난번 상하이행에 길잡이 역할을 했던 삼촌이 이번에는 동행할 수 없다는 점이었다. 하지만 부산 제2상업학교(현 부산상업고등학교) 1학년에 재학 중이던 형이 일본어에 능통해 큰 걱정은 덜 수 있었다.

조부는 베이징행이 결정된 이후 몇 번이나 두 손자를 불러 "누구에게도 아버지를 찾아간다고 말하면 안 된다."라고 당부했다. 행여 일제가 심어놓은 세작의 눈에 띌까 하는 우려 때문이었다.

찬 이슬이 내리던 어느 날 새벽, 한형석은 졸린 눈을 비비며 어머니의 손에 이끌려 동래 온천천 옆 세병교(洗兵橋)를 건넜다. 조부는 다리 건너까지 보따리를 들고 따라나서 헤어져야 할 지점을 훌쩍 넘기고서야 보따리를 넘겨줬다. 그러고는 여덟 살배기 한형석을 끌어안고 울었다. 그 모습을 바라보던 어머니와 형도 눈물을 흘렸다.

일행을 태운 기차가 부산역을 출발한 지 한참이 지나서야 날이 밝았다. 차창 밖으로는 벼를 거두거나 보리갈이를 하는 가을 풍광이 펼쳐졌다. 완행열차는 이틀 만에 서울역에 도착했다. 목적지인 중국 단둥(丹東)까지 가려면 서울역에서 기차를 갈아타야만 했다. 단둥행 기차를 기다리는 동안 일행은 남대문 일대를 둘러봤다. 태어나 처음 해보는 서울 구경에 한형석의 작은 가슴은 한껏 부풀었다.

서울역을 출발한 기차는 평양을 지나 한참을 내달렸다. 차창 밖으로 압록강(鴨綠江)이 보이자 형이 "압록강이다."라고 크게 외쳤다. 얼마 지나지 않아 기차는 긴 철교를 통과해 국경을 벗어났다.

한형석은 창문 아래로 흐르는 강물을 내려다보며 어지러울 뿐이었지만, 어머니와 제법 철이 든 형의 마음은 착잡해 보였다.

이윽고 기차가 단둥에 도착했다. 형이 앞장서 일행을 인도했다. 일행은 어렵지 않게 단둥세관을 찾을 수 있었다. 그들을 베이징으로 안내해줄 아버지의 친구 장건상(張建相, 1882~1974)을 만나기 위해서였다. 장건상은 경상북도 칠곡 출신으로, 어린 시절 부모를 따라 부산으로 와 좌천동에서 성장했다. 그 뒤 1905년 일본으로 건너가 와세다(早稻田)대학 정경학부에 입학했다가 다시 도미(渡美)해 그곳에서 정치학을 공부한 인물이다. 아버지와는 일본 도쿄 유학 시절부터 알고 지냈으며, 이후 상하이 동제사(同濟社) 활동을 통해 우의를 다진 바 있었다.

일행은 장건상의 따스한 환대를 받았다. 장건상은 일행을 자신의 집에 머물게 하고, 베이징에 있는 아버지에게 연락을 취했다. 아버지와는 사흘 만에 연락이 닿았다. 일행은 다시 기차를 타고 선양(瀋陽)에 도착, 부산사람이 경영하는 여관에서 하룻밤을 묵고, 다음날 다시 기차에 올랐다. 차창 밖으로 보이는 풍광이라고는 끝없이 펼쳐진 지평선뿐이었다. 그 뒤 두어 번 기차를 더 바꿔 타고 산해관(山海關)을 지나서야 만리장성(萬里長城)이 시야에 잡혔다.

일행이 베이징역에 도착했을 때 계절은 이미 초겨울로 접어들고 있었다. 철길 양쪽에는 눈이 쌓여 있고 살갗에 닿는 바람은 찌르듯 차가웠다. 아버지는 약속대로 마중을 나와 있었다. 한형석은 한걸음에 달려가 아버지에게 안겼다. 일행은 인력거를 타고 베이징 시내를 달렸다. 베이징은 상하이와는 모습이 크게 달랐다. 상하이가 서양 문물이 범람한 근대도시였다면, 베이징은 오랜 전통 문화가 켜켜이 쌓인 고색창연한 도시였다.

학창 시절

아버지가 머물던 숙소는 베이징역에서 그리 멀지 않았다. 저녁 무렵 방에 짐을 풀자마자 어머니는 밥을 짓기 시작했다. 하지만 식사는 제대로 할 수 없었다. 생소한 원형 조개탄을 연료로 쓰다 보니 불 조절이 익숙하지 않아 밥 짓기가 여간 어려운 게 아니었기 때문이다. 그 뒤에도 한동안 고향에서 먹던 밥맛을 보기는 어려웠다. 또 어쩌다 탄불이 꺼지기라도 하면 온종일 불을 지피느라 아버지가 퇴근할 무렵에는 어머니와 형석 형제의 얼굴이 숯덩이처럼 변해버리기 일쑤였다.

그 무렵 아버지는 베이징시가 동사패루(東四牌樓) 십조(十條) 후퉁[10]에 설립한 경사전염의원(京師傳染醫院) 의관으로 일하던 중이어서 봉급이 넉넉한 편이었다. 가족은 곧 이웃의 독채를 새로 빌려 이사했는데, 중국 유학 중이던 신성모(申性模, 자유당 때 국방부 장관)가 이곳에서 하숙했다. 한형석과 형은 그 하숙방에서 놀며 그를 따랐고 아버지는 중매도 섰다.

---

10 중국에서는 작은 골목을 '후퉁(胡同)'이라고 불렀다. 길은 크든 작든 모두 이름이 있어 길목에는 길 이름이 적힌 간판이 있었다. 또 집마다 우정국에서 만들어준 문패가 붙어 있었는데, 거기에는 숫자가 적혀 있었다. 오른편 가옥의 문패에는 짝수가, 왼편 가옥의 문패에는 홀수가 적혀 있어 집 찾기가 매우 편리했다(한형석, 『나의 人生 나의 보람』).

베이징에 왔을 때 한형석은 여덟 살로 학령기에 접어들었고, 열여섯 살의 형은 고향에서 상업학교를 다니던 중이었기 때문에 입학이 시급했다. 아버지는 아들들이 들어갈 만한 학교를 알아보았으나 중국어를 모르는 탓에 마땅한 학교를 찾기 어려웠다. 그래서 우선, 학교 대신 서당에 보내 중국어부터 익히도록 했다. 퇴근 후에는 아들들을 앉혀놓고 중국어를 가르치는 등 자녀 교육에 열정적이었다. 그 덕분에 한형석 형제는 1년여 만에 중국어로 의사소통이 가능해질 정도가 됐다.

1919년, 한형석은 형과 함께 육영소학교(育英小學校)에 입학했다. 6년 과정의 육영소학교는 1867년에 선교사들이 세운 기독교계 학교로, 소학교 · 중학교 · 고급중학교(고등학교) 3개교가 함께 있었다. 고학년에 편입했던 형이 먼저 졸업한 뒤 6년 과정의 회문학교(滙文學校)에 들어가자, 한형석은 혼자 육영소학교를 다녔다.

이 무렵 한형석 가족은 중국 국적을 취득했다. 아버지가 중국 국민혁명군 적십자대에서 쌓은 공적을 인정받아 국민당원이 됐기 때문이었다. 중국 호적은 베이징에서 조금 떨어진 완핑현(宛平縣)에 두었다. 중국 국적을 취득한 이후 중국인들, 특히 관공서 직원들이 극진히 대접해준 덕분에 한형석 가족의 중국살이는 한층 수월해졌다.

아버지가 베이징에서 독립운동에 참여하며 바삐 활동하는 사이 1923년 7월, 한형석은 육영소학교 과정을 마쳤다. 그 무렵 한형석 가족은 베이징 시내 동사패루 오조(五條) 후퉁으로 이사했다. 그런데 이사한 지 3일째 되던 날 어느 날 밤, "문을 열어라."라는 고

함과 대문 두드리는 소리가 요란했다. 난데없는 소란에 한형석 가족은 모두 잠에서 깼다. 일제 앞잡이가 아버지를 잡기 위해 야밤에 들이닥친 것이었다. 위험을 직감한 아버지는 황급히 담을 넘어 이웃집 지붕을 타고 도망해 다행히 화를 면할 수 있었다. 며칠 뒤 한형석 가족은 다른 곳으로 이사했다. 일제 앞잡이들이 독립운동가를 납치해 가는 일이 종종 일어날 때라 안심할 수 없었다. 한형석 가족은 그 뒤로도 3개월이 멀다 하고 10여 차례나 더 거처를 옮겨야 했다. 몇 차례 이사를 한 후에도 마음 놓고 밖에 나갈 수 없었다. 게다가 한형석 형제는 학교에서 친구들과 다투는 중에 '망국우(亡國友)'라는 욕설을 듣는 날이면 남몰래 입술을 깨물며 눈물을 삼켜야만 했다. 그때부터 한형석은 '나도 아버지처럼 나라 찾는 일을 해야겠다.'라는 결심을 굳혔다.

한편, 한형석이 육영소학교 6학년이었을 때 고급중학교 졸업반이던 형은 베이징에서 열린 큰 체육행사의 10km 마라톤 종목에 출전해 1위를 차지하여 유명해졌다. 인파가 늘어선 베이징 대로를 앞장서 달리는 형을 바라보는 한형석과 가족들은 감격의 눈물을 흘렸다. 형 외에도 당시 한국 유학생들은 베이징에서 열리는 100m나 200m 단거리 종목을 석권하며 두각을 보였다. 대표적인 인물이 노하고급중학교(潞河高級中學校) 재학생 김영호(金永浩)였다. 그는 상하이에서 열린 전국대회에서 단거리 종목을 휩쓸며 중국 체육계를 놀라게 했다.[11] 아버지는 한형석 형제에게 공부

---

11 1위를 차지한 사람은 후장(沪江)대학에 다니던 주휘한(朱輝翰, 전 국회의원)

도, 운동도 모두 열심히 해야만 일본과 중국을 이길 수 있다고 역설했다.

1923년 9월 노하중학교(潞河中學校)에 입학한 한형석은 틈만 나면 찻집을 드나들었다. 당시 찻집은 남녀노소 누구나 출입할 수 있는 곳이었다. 한형석이 찻집을 즐겨 찾았던 가장 큰 이유는 이야기 무대가 좋아서였다. 입담 좋은 사람들이 삼국지(三國志)나 수호지(水滸誌) 같은 무협 설화들을 노래를 섞어가며 이야기로 풀어냈다. 10원을 주고 대꼬챙이를 10개 사면 열 토막의 이야기를 들을 수 있었다. 한형석은 노하중학교 3년 생활을 대부분 찻집에서 이야기를 들으며 지냈다.

한형석이 노하중학교를 졸업할 무렵 형은 회문고급중학교(滙文高級中學校)를 졸업했다. 형의 졸업식에는 한형석 가족이 모두 참석했다. 졸업식장에는 당시 중국의 실권자였던 펑위샹(馮玉祥, 1882~1948) 장군도 함께했다. 펑위샹 장군은 회문중학교 출신이었는데, 그가 참석해서인지 식장 분위기는 매우 엄숙했다. 펑위샹 장군은 "한국의 안중근 선생을 아는가?"라는 물음으로 연설을 시작했다. 이어 "안 선생이야말로 나라와 민족을 사랑한 위대한 인물이다."라며 안중근 의사에 관해 소상히 소개했다. 그날 연설의 마무리는 "여러분도 안 선생과 같이 대의(大儀)를 위해 살고 죽는 훌륭한 사람이 되라."라는 당부의 말이었다. 한형석은 펑위샹 장군의 연설을 듣는 내내 가슴이 터질 것만 같았다. "나도 안 선생과 같은

이었다.

한국 사람이오!"라고 외치고 싶은 충동이 솟구쳤다. 이후 한형석은 펑위샹 장군의 위용를 떠올리며, 그가 한 이야기를 가슴 깊이 간직했다.

형이 회문고급중학교(滙文高級中學校)를 졸업하자 한형석은 형을 따라 베이징의 명승지를 구경했다. 그중 한형석의 마음을 사로잡은 곳은 만수산(萬壽山)이었다. 그곳은 아편전쟁(阿片戰爭) 이후 서태후(西太后)가 인공으로 만든 산이었다. 흙더미로 쌓아 올린 산은 화려한 누각들과 나무숲으로 덮여있었고, 산속으로는 사통팔달(四通八達)의 지하도가 뚫려 있었다. 한형석은 호화로운 산에 대한 경외감보다 서태후의 호령에 눌려 산을 만드는 데 동원된 중국 백성을 향한 측은함이 앞섰다.

형은 1926년 7월, 졸업 후 조부의 성화로 귀국해 베이징 유학생 친구 이상직의 누이동생 이세선과 동래에서 혼인했다. 낯선 땅에서 큰 의지가 돼주었던 형이 귀국하자 한형석은 가슴이 텅 빈 듯 허허로움을 느꼈다. 그 사이 다섯 동생이 차례로 태어났지만, 나이 차이가 나서인지 형의 빈자리는 쉽사리 채워지지 않았다.

한형석은 1926년 7월, 노하중학교를 졸업하고 노하고급중학교에 진학했다. 노하고급중학교는 베이징에서 16km가량 떨어진 통허(通河)에 있는 명문 학교로, 육영소학교, 노하중학교, 연경대학교와 같은 기독교재단 소속이었다. 학교에는 기숙사가 있어 한형석은 처음으로 어머니 품을 떠나 생활했다. 기숙사에서 내려다보이는 곳엔 운하가 있었다. 통저우(通州)를 남북으로 잇는, 8,840km에 달하는 물길이었다. 운하가 만들어진 것은 춘추전

국시대(春秋戰國時代)인 오(吳)나라 시절이었다. 이후 월(越)·수(隋)·당(唐)·송(宋)대에 증축해 원(元)대에 이르러 개통됐다. 그중에서도 퉁저우 구간은 수양제(隋煬帝)가 만들어 뱃놀이를 즐긴 곳이었다. 한형석도 휴일이면 친구들과 어울려 그 운하에서 뱃놀이를 즐기곤 했다.

한형석은 노하고급중학교에 입학한 뒤 주중에는 기숙사에서 생활하고 주말에만 집에 와 가족과 시간을 보냈다. 평탄할 것만 같았던 베이징에서의 생활은 1927년 6월 어느 토요일 밤에 날아든 조부의 부고로 끝이 나고 말았다.

2

독립운동가 아버지, 한흥교

아버지는 한형석에게 소중하게 간직해 온 고향에서 가져온 흙 한 줌과 명주에 그린 태극기를 건네고 나머지 가족들을 이끌고 귀국했다. 이후 한형석은 광복 후 고향에 돌아가기까지 21년간 부모 형제와 헤어져 사는 삶을 이어갔다. 이 점에서 고향을 떠나 중국에서 줄기차게 독립운동을 한 아버지와 한형석의 삶은 참으로 많이 닮아 있었다.

일본 유학과 상하이에서의 독립운동

아버지 한흥교(韓興教, 1885~1967)는 자식들에게 신식교육을 가르치고자 했던 조부의 뜻에 따라 서당을 거쳐 신식학교인 개양학교(開揚學校)를 다녔다. 7세부터 한문을 익힌 아버지는 14세 무렵 『사서삼경(四書三經)』과 『자치통감(資治通鑑)』을 통달하고 한시를 지을 정도가 됐다. 16세에 두 살 연상인

이인옥(李仁玉, 1883~1963)과 혼인한 후에도 학업을 계속해 동래지역 신학문의 진원지였던 삼락학교(三樂學校, 동래고등학교의 전신)를 졸업했다.

아버지는 삼락학교 졸업을 앞두고 일본 유학을 결심했다. 재학 시 일어과(日語科) 수업에 남다른 관심을 가졌던 만큼 더 넓은 세계로 나가 공부하고 싶었다. 조부도 "남아는 뜻이 사방에 있으니 뜻대로 하라(男兒志在四方 汝可行之)."라며 유학을 허락했다. 아버지의 유학을 흔쾌히 허락한 조부와 달리 집안 어른들은 거세게 반발했다. 그중에서도 작은 할아버지 한의용(韓義容)의 반대가 완고해 조부는 출국 전까지 아버지의 유학을 함구했다.

19세 되던 1904년 봄, 아버지는 오사카(大阪)로 가는 배에 몸을 실었다. 오사카에서 도쿄(東京)로 이동한 아버지는 세이소쿠중학교(正則中學校)와 야간 영어학교에 입학했다. 2년간의 중학 과정을 마치고는 1906년 오카야마의학전문학교(岡山醫學專門學校)에 진학했다. 애초 법학이나 정치학을 공부하고자 했었지만, 조국이 일제 식민지로 전락해가는 상황에서 그런 학문은 쓸모없다고 판단했다. 그 결과 일제에 고개 숙일 일도 없고 아픈 이들을 치료해줄 수 있는 의사의 길을 걷기로 했다.

아버지는 의학 공부에 전념하는 한편, 1908년 1월 한인 유학생이 결성한 대한유학생회(大韓留學生會)를 비롯한 대한학생회(大韓學生會), 대한흥학회(大韓興學會) 등의 활동에도 적극 참여했다. 특히, 대한유학생회에서 창간한 『대한유학생회학보』와 일본 유학생 통합단체의 기관지인 『대한흥학보』에 '만양(挽洋)'이라는 필명으

로 다양한 분야의 글을 게재하기도 했다.[12]

아버지가 유학하는 동안 조부는 장남이 학업을 마치고 고향으로 돌아올 날만 손꼽아 기다렸다. 더구나 1910년 2월 둘째 손자 형석이 태어난 뒤로는 그 마음이 더 간절해졌다. 이윽고 1910년 8월, 아버지는 4년간의 교육과정을 무사히 마치고 의사 자격을 취득했다. 조부는 부산 최초의 양의(洋醫)가 된 장남을 하루라도 빨리 만나고 싶었다. 어머니 역시 같은 마음이었다.

조부는 즉시 아버지에게 편지를 띄웠다. 고향에 병원을 차려줄 테니 속히 귀국하라는 내용이었다. 아버지는 고향에서 자신의 귀환을 학수고대할 부모님과 아내의 얼굴이 떠올랐고 어린 아들 원석의 눈망울도 어른거렸다. 갓 태어나 아버지 얼굴조차 보지 못한 둘째 아들 형석을 생각하면 당장이라도 짐을 꾸리고 싶었다. 하지만 아버지는 망설였다. '나라가 망한 터에 고향에 돌아가 일신의 안위와 행복을 좇는 것이 무슨 의미가 있으랴.' 하는 마음이 컸기 때문이다. 숙고 끝에 아버지는 귀국을 포기했다. '지금은 조국 독립투쟁에 작은 힘이나마 보태야 할 때'라고 판단한 것이다. 일단, 일본에서 내과 생리학(生理學)을 연구하며 추후 정세를 파악해 행보를 정하기로 했다.

일본에 머물던 아버지는 1911년 10월, 중국에서 신해혁명(辛亥革命)이 일어난 사실을 알게 됐다. 당시 재일본 중국 학생 가운데

12 한만양이라는 이름은 일제의 극비문서에도 등장한다(「通報 朝鮮人 排日運動 企劃 狀況에 관한 件」(1914. 7. 15.), 『不逞團關係雜件-鮮人의 部-在上海地方』 1 참조).

는 혁명에 가담하려는 이들이 많았다. 의학도들 사이에서도 적십자대(赤十字隊)를 조직해 혁명 대열에 합류하려고 했다. 아버지는 신해혁명이 조선의 독립에도 긍정적인 영향을 미치리라 생각했다. 그리하여 오카야마의학전문학교 중국인 동창생 쑨칭시(孫卿溪)와 추쓰싼(邱肆三)을 찾아갔다. 자신도 신해혁명에 참여하고 싶다는 뜻을 밝히자 두 동창생은 매우 놀랐다. 한국인 동창생이 남의 나라인 중국의 혁명에 동참하겠다고 하니 놀라지 않을 수 없었던 것이다. 하지만 이들은 "공동의 적인 일제를 배척하기 위해서는 한중연합전선이 절실하다."라는 아버지의 주장에 고개를 끄덕였다. 세 사람은 쑨원(孫文, 1866~1925)이 영도하는 혁명군 적십자대에 가담하기 위해 도쿄의 중국인 유학생회를 찾아갔다.

도쿄의 중국인 유학생회는 아버지의 혁명군 적십자대 참여 의지를 기꺼이 받아들이며, 먼저 상하이(上海)로 가달라고 요청했다. 이에, 아버지는 조부가 귀국 여비로 쓰라며 보내 준 120원을 들고 홀로 상하이로 향했다. 먼저, 요코하마(橫浜)에 간 그는 이름을 '한흥(韓興)'으로 바꾸고 60원짜리 선표를 샀다. 그리고 1911년 10월 24일, 일본 기선 춘일환(春日丸) 편에 올랐다.[13] '한흥'으로 위장한

---

13 金在勝, 「藝術救國의 광복군, 먼구름 韓亨錫 평전-그의 중국대륙에서 抗日 藝術救國의 실체를 찾아서」. 이 글은 김재승이 생전 한형석 평전을 준비하며 남긴 초고이다. 김재승은 생전 한형석 선생 현창 사업에 앞장섰다. 자비를 들여 중국을 수차 방문해 자료를 수집하고 관련자들을 인터뷰했으며, 이를 바탕으로 평전도 준비했다. 하지만 평전은 아쉽지만 출간되지 못했고 초고만이 남아 있다. 필자는 이 글을 작성하면서 그 초고에 크게 도움받았다. 선뜻 초고를 필자에게 내어주신 유족께 진심으로 감사드린다.

아버지를 태운 춘일환은 요코하마를 출항해 나가사키(長崎)를 거쳐 일주일 만에 상하이에 도착했다. 아버지는 상하이에 첫발을 내디딘 심경을 다음과 같이 기록했다.

양쯔강 변 위에 상하이가 떠 있구나. 동쪽에서 춘일환(春日丸)을 타고 중국 땅을 건너왔더니 서양 문화가 번창한 곳, 대륙에는 전운이 감돌고 있구나. 의병으로 십자 종군하지만 몇 사람이 정의를 위해 목숨을 던질 것인가. 까치집을 어찌 소리개가 오래 점거할 수 있겠는가. 검은 달빛에 싸여 있는 조국이 나를 수심에 잠기게 하는구나.[14]

상하이에 도착한 아버지는 상하이 적십자대의 후원을 받아 대원 30명, 간호원 10명으로 구성된 중국 국민혁명군에 입대, 쑤저우(蘇州), 쩐장(鎭江)의 혁명군 제1전선에 군의관으로 참전했다.[15] 그 무렵 아버지는 중국인 동지 타오주(陶鑄)의 소개로 신해혁명 지도자 쑨원을 만났다. 쑨원은 "나도 한 동지와 같은 의사 출신이요. 그러나 한 사람의 병자를 치료하는 것보다 병들어 죽어가는 나라와 겨레의 병을 고치고 생명을 구하는 일이 더 큰 일이 아니겠소?"라고 말하며 그를 격려했다. 이에 아버지는 "우리는 원래 형제의 나라로, 나의 의무를 다할 뿐이니 무슨 칭찬이 필요하겠습니

---

14 부산근대역사관 편, 『먼구름 한형석의 생애와 독립운동』, 2006, 19쪽.

15 孫艶紅, 「의사 한흥교(韓興教)의 중국에서의 독립운동(1910~1920년대)」, 『한국근현대사연구』 89, 2019, 71쪽.

까."라고 말한 뒤 "장래에 있을 우리나라 독립전쟁에 많은 성원을 바란다."라는 부탁도 잊지 않았다.[16] 아버지는 적십자구호대장으로 활약했으며, 이후 우창(武昌), 뤄양(洛陽), 난징(南京) 등의 전선에도 참전했다.[17]

1912년 난징에 중화민국 임시정부가 수립된 직후 한국 독립운동 지도자 신규식(申圭植, 1880~1922)과 조성환(曺成煥, 1875~1948)은 중화민국 임시정부를 찾아 군자금을 기증했다. 한국 독립을 위해 중국 혁명 세력과의 연대를 추진하고자 한 것이다. 그때 중국 혁명군에 한국인이 있다는 이야기를 전해 들은 두 사람은 그와의 만남을 청했다. 그 한국인은 바로 아버지였다. 아버지는 신규식·조성환과의 만남에 크게 감화되어 한국 독립운동에 본격적으로 투신했다.

1차 혁명이 끝난 후 아버지는 상하이와 난징의 적십자병원에서 근무하다가 항저우(杭州)의학전문학교 교수 직으로 자리를 옮겼다.[18] 1912년 7월, 아버지는 상하이에 모여든 애국지사들과 함께 독립운동단체인 동제사(同濟社)를 결성했다. 동제사는 '동주공제(同舟共濟)'에서 따온 이름으로, 중국과 한국이 협동으로 조국 광복에 매진하자는 뜻이 담겼다. 박은식(朴殷植, 1859~1925)을 총재로, 신규식, 조성환, 김규식(金奎植, 1881~1950), 신채호(申采浩,

---

16 한형석, 「나의 人生 나의 보람」.

17 孫艷紅, 앞의 논문, 73쪽.

18 한형석, 「나의 人生 나의 보람」.

1880~1936), 조소앙(趙素昂, 1887~1958) 등이 동제사에 참여했다.[19]

동제사는 본부를 상하이에 두고 베이징 · 톈진(天津) · 만주(滿洲) 등 중국지역과 구미(歐美) · 일본 등지에 지사를 뒀다. 동제사 결성을 전후해 조성환은 베이징으로 돌아가 베이징 지사를 맡았고,[20] 아버지도 비슷한 시기에 베이징으로 활동 무대를 옮겼다. 아버지는 베이징의학전문학교(北京醫學專門學校) 교수로 재직하면서 조성환과 함께 독립운동을 위한 거점 구축과 연락, 한인 청년의 중국학교 입학 알선 등의 업무를 수행했다.

그런데 1912년 9월 17일, 조성환 등 8명이 일제 경찰에 체포되는 사건이 발생했다. 러시아를 방문한 가쓰라 다로(桂太郎) 전 일본 총리의 암살을 계획했다는 혐의였다.[21] 조성환이 체포되면서 동제사 베이징지사 업무는 아버지가 맡게 됐다. 하지만 유동열(柳東說, 1879~1950)의 엽총과 권총을 보관했던 것이 문제가 돼 권고사직을 당하고 다시 상하이로 돌아갔다.[22] 아버지는 상하이 동제사에서 독립운동가들의 의료를 전담하는 동시에 독립운동을 효과

---

19 이제까지 한국독립운동사에서 동제사는 제대로 알려지지 않았다. 다만, 1911년 중국으로 망명하여 쑨원의 중국동맹회에 조선인으로 처음 가담한 뒤 신해혁명에 참여한 신규식이 만든 것으로만 알려져 있다(金在勝, 앞의 초고).

20 조성환이 안창호에게 보낸 1912년 음력 6월 16일 자 편지 내용에 의하면 동제사 결성 전후의 시기에 베이징으로 돌아간 것으로 판단된다(孫艷紅, 앞의 논문, 72~73쪽).

21 조성환의 체포로 유동열(柳東說, 1879~1950), 김규식, 김필순(金弼淳, 1878~1919) 등이 만주 · 몽골지역에서 추진 중이던 독립운동 근거지 건설 활동이 타격을 받았다. 세브란스병원 출신 의사 김필순이 1912년 봄 서간도 류허현(柳河縣)에 동지들과 함께 큰 병원을 설립하려던 계획도 성사되지 못했다.

22 한형석, 「나의 人生 나의 보람」.

적으로 수행하기 위한 한중 연대를 구축하고 한중호조사(韓中互助社)를 조직, 중국인 동지를 규합하는 임무도 맡았다.[23]

한편, 이 무렵 독립한 외몽골은 러시아의 지지를 받으며 중국 신장(新疆) 지역에 출병했다. 그로 인해 중국과 몽골 사이에 전쟁이 일어났다. 아버지는 1913년 10월, 러허(熱河)로 건너가 러허웨이수(熱河衛戍)병원의 병원장에 취임한 뒤 참전했다. 당시 그의 계급은 오늘날 소령에 해당하는 육군 3등 군의정(軍醫正)이었다.[24] 하지만 위안스카이(袁世凱, 1859~1916)에 반대하는 토원운동(討袁運動)이 진압되는 과정에서 체포령이 떨어져 상하이로 탈출해야만 했다.[25]

1914년, 아버지는 상하이에서 신규식과 같이 하숙하면서 독립운동을 계속했다. 하지만 가진 돈이 떨어져 생활이 궁핍해지며 독립운동도 지장을 받았다. 그는 궁리 끝에 그간 버려뒀던 일본 의사면허증을 이용해 중국 의사면허를 취득했다. 그러고는 1914년 가을, 영대마로(英大馬路) 이층집의 방 한 칸을 빌려 천동동제의원(天東同濟醫院)을 개원했다.[26] 의원은 처음에는 운영이 잘됐으나 3차 혁명이 일어나면서 경영이 어려워져 결국 문을 닫고 말았다.

---

23 부산근대역사관 편, 앞의 책, 134쪽.

24 부산근대역사관 편, 앞의 책 참조.

25 孫艶紅은 한흥교가 토원운동에 관여하거나 토원운동을 했던 중국인 혁명 인사와 접촉했기 때문이었을 것으로 추측하였다(孫艶紅, 앞의 논문, 73쪽).

26 한형석, 「나의 人生 나의 보람」. 장건상(張建相, 1882~1974) 회고에 따르면, 그는 상하이에서 의사로 개업하고 있던 한흥교로부터 도움을 받았다고 한다(면담 이정식, 편집해설 김학준, 『혁명가들의 항일회상』, 민음사, 2005, 200쪽).

이 일로 낙담한 아버지를 도운 이는 중국인 동지 장즈신(蔣志新, 1880~1960)[27]이었다. 장즈신은 일본 유학 시절 아버지와 형제처럼 지냈던 인물이었다. 1915년 초, 한흥교는 장즈신의 도움으로 자싱(嘉興)에 진료소를 차리고 농촌 의료 개선사업을 벌였다.

1915년 5월, 어머니가 아들(원석, 형석), 시동생 정교와 중국에 찾아오면서 아버지는 가족과 오붓한 시간을 보냈다. 하지만 그것도 잠시뿐이었다. 조부가 위독하다는 거짓 전보로 아버지를 고향으로 불러들였기 때문이다. 이 일로 아버지는 고향 동래에서 대동병원을 개원해 환자들을 돌봤으나 일제의 감시가 심해져 더는 버틸 수가 없었다. 이에, 1916년 말, 대동병원을 폐원하고 단신으로 베이징에 망명했다.

베이징에서의 망명 생활

베이징에 도착한 아버지는 일제의 감시망을 피하고자 이름을 '한진산(韓震山)'으로 고쳤다. 이때 동제사에서 같이 활동했던 신채호와 가깝게 지냈다. 신채호는 1915년경 활동 무대를 베이징으로 옮겨 저술 활동을 하면서 독립운동의 방략을 모색하고 있었다. 아버지와 신채호는 1917년 7월, 상하이에

27 장즈신의 이름은 보징(保徵)이며 자(字)는 지신(志新), 재심(梓心)이다. 저장성(浙江省) 자싱(嘉興) 사람으로 신해혁명 전 일본으로 유학을 떠나 오사카공전(大阪工專)을 수료하고 나가사키의과대학을 졸업한 뒤 일본에서 동맹에 가입해 활동하였다(양지선, 「항일가극 〈아리랑〉을 통해 본 한유한의 예술구국활동」, 『한국근현대사연구』 83, 2017, 208쪽 주7).

서 발표된 '대동단결선언'의 발기인 명단에 이름을 함께 올리기도 했다.[28] 아버지는 도쿄 여자유학생친목회의 기관지 『여자계』 제2호(1918. 3. 22.)에 '육아(育兒)의 이대유의(二大注意)'라는 제목으로 글을 게재하는 등 의사로서도 의미 있는 활동을 이어갔다.[29]

아버지는 신채호와 함께 베이징과 톈진의 청년 학생들을 주축으로 한 대한독립청년단(大韓獨立靑年團)을 조직했다. 대한독립청년단의 출범 시기는 정확히 알려지지 않았지만, 1919년 4월 16일에 총회를 열고 개선된 임원을 선임한 것으로 보아 그 이전에 결성된 것으로 보인다. 대한독립청년단의 단장은 신채호가, 부단장은 아버지가 맡았다.[30] 단원은 총 70여 명에 달했으며, 그중 베이징에서 활동한 단원만 해도 30여 명이나 되었다. 당시 아버지의 집은 자연스럽게 독립운동가의 아지트가 됐다.[31] 3 · 1운동 이후 중국 망명길에 오른 독립운동가들은 상당히 많았다. 그들은 설날이면 으레 한흥교의 집으로 찾아왔다. 독립운동가들은 항상 다른 음식은 제쳐두고 동치미를 달라고 해 들이켜며 향수를 달래곤 했다. 조국 독립을 위해 만리타향에 온 그들에게 동치미는 조국의

28 孫艶紅, 앞의 논문, 75쪽.

29 孫艶紅, 앞의 논문, 75쪽 주27.

30 1919년 9월 15일 펑톈(奉天)의 천성(天成)여관에서 폭탄을 제작하다가 폭발하는 사건을 수사한 일제가 입수한 자료(조선군 참모부, 「奉天폭탄사건에 대하여」, 1919. 10. 1.)에 따르면 1919년 4월 16일 당시 임원명단은 다음과 같다. 단장: 신채호(申彩浩), 부단장: 한진산(韓震山, 한흥교), 총무: 이광(李光), 내무부장: 조동진(趙東珍), 외무부장: 조재건(趙在健), 군무부장: 서왈보(徐曰甫), 재무부장: 신○(申○) 간사: 이성렬(李成烈) · 전재빈(田在浜).

31 한형석, 「나의 人生 나의 보람」.

맛이자 고향의 맛이었다.[32]

한편, 신채호가 1919년 4월 11일에 선포된 대한민국임시정부의 수립에 참여하기 위해 베이징을 떠나 상하이로 간 뒤, 대한독립청년단의 실무는 아버지가 담당했다. 대한독립청년단은 첫 번째 강령을 "국내외 각 단체 및 지방단체와 연결된 국민대회를 성립한 상하이 신정부와 행동을 같이할 것"으로 규정했을 만큼 상하이 임시정부와 긴밀한 관계를 유지했다. 단장 신채호가 상하이 임시정부 수립에 참여했을 뿐만 아니라 총무 이광(李光)과 내무부장 조동진(趙東珍)도 1919년 4월 10일 상하이에서 열린 제1회 임시의정원회의를 비롯한 여러 회의에 참가했으며, 임시정부 각부 임원으로도 선임됐다.

대한독립청년단은 1919년 8월 30일 외무부장 조재건(趙在健)이 안동현(安東縣)에서 일제에 체포되자 임원진을 다시 구성했다.[33] 단장과 부단장은 그대로 신채호와 아버지가 맡았고, 내무부장 겸 재무부장은 조동진(趙東珍), 군무부장은 서왈보(徐曰甫), 서기는 방범석(方範錫)이 맡았으며, 외무부장으로는 문철(文哲)을 새롭게 선임했다.[34] 아버지는 부단장 외에 총무와 통신부장도 겸했다. 이

---

32 한형석, 「나의 人生 나의 보람」.

33 조재건은 베이징 대한독립청년단뿐만 아니라 안동현 대한독립청년단 결성에도 관여하였다. 안동현 대한독립청년단은 총재는 안병찬(安秉瓚), 단장 함석은(咸錫殷), 서기 장자일(張子一), 간사 박영우(朴永祐) 등 약 30여 명으로 구성된 것으로 알려져 있다(채근식, 『武裝獨立運動秘史』, 대한민국공보처, 1949, 58쪽; 박환, 「만주지역 대한청년단연합회의 성립과 활동」, 『한국민족독립운동사의 제문제』, 김창수교수화갑기념사학논총간행위원회, 1992 참조).

34 북성구고루대가(北城舊鼓樓大街) 소석교(小石橋) 북칠호(北七號)에 있는 최

와 관련해 아버지는 중외통신사(中外通信社)와 신광신보사(晨光新報社)[35]를 창설하는 데도 주도적인 역할을 했다. 국한문 혼용으로 발간된 격문은 중국 각지와 소련, 미주 등에 보내졌다.

아버지가 부단장을 맡았던 베이징 대한독립청년단은 대한민국 임시정부와 행동을 같이하며 사론(事論)을 배척하고, 임시정부가 파리강화회의에 파견한 대표를 후원했다. 또 동양평화를 보호하는 논리를 개발하고 국내외 각지의 의병도 지원했다.[36] 하지만 대한독립청년단은 일제의 잇따른 탄압으로 1919년 말 해체되고 말았다.

대한독립청년단이 해체되고 난 1920년 가을, 의열단(義烈團) 본부가 베이징으로 이전하면서 베이징에는 무장투쟁론자들이 대거 몰려들었다.[37] 이때 아버지도 의열단 활동에 가담했다. 의열 투쟁

용덕(중국명 추이창스崔滄石)의 집이 당시 대한독립청년단의 본부 역할을 하였다(김정명, 『조선독립운동』 2, 原書房, 1967, 410~412쪽).

35 신광신보사는 1920년 12월 28일 『신광(晨光)』 제1호를 발행하였다(「不逞鮮人에 한 件」(1921. 1. 6.), 『不逞團關係雜件-朝鮮人의 部-在支那各地』 2). 〈경남매일신문〉 1967년 8월 9일 자 기사는 한흥교가 신광신보사의 사장을 역임했다고 전하였다. 하지만 일제의 자료에는 신채호가 스스로 〈신광신보〉 사장이라고 칭한다는 기록도 확인된다(「支那 主要都에서의 不逞鮮人의 狀況」(1921. 6. 10.), 『不逞團關係雜件-朝鮮人의 部-在支那各地』 1). 누가 사장이었는지 정확하게 밝히기 어렵지만 한흥교와 신채호가 이 신문사를 주도했던 것은 틀림없어 보인다(孫艷紅, 앞의 논문, 83쪽).

36 조선군 참모부, 「奉天폭탄사건에 대하여」, 1919. 1. 1. '천성여관 폭탄 폭발사건'은 대한독립청년단의 의열투쟁조직으로서의 모습을 잘 보여준다. 이 사건 사망자의 수첩에는 연락을 주고받은 인물들에 관한 기록이 남아 있는데 그중에 한진산(한흥교)의 이름도 등장하며 베이징 전문외려마시주소구(前門外驢馬市珠巢口) 향산회관(香山會館)에 주소를 두고 있었던 것을 확인할 수 있다.

37 孫艷紅, 앞의 논문, 79쪽.

을 지향한 대한독립청년단의 주축이었던 만큼 아버지가 의열단에 가담한 것은 자연스러웠다.

일제도 아버지가 의열단원이라는 것을 파악하고 있었다. 1924년 2월 7일 자 조선총독부 경무국이 작성한 극비문서 「의열단요기(義烈團要記)」를 보면, 아버지가 의열단원 명단에 올라 있다.[38] 이 문서는 아버지를 "원적(본적)은 경상남도 동래군 동래면 복천동 401, 인상(人相)은 키 5척(尺) 3촌(寸)가량, 얼굴은 둥글고 희며(顔丸 色白), 이목구비는 뚜렷하고, 머리는 하이칼라'라고 기재했다. 또 나이는 메이지(明治) 18년(1885년) 10월 25일생으로, 적요란에는 '변성명(變姓名)은 한진산(韓震山)이라 칭하는 의사'라고 정확하게 기재했다.[39]

아버지는 의열단 내에서 지도적 위치에 있었던 것으로 보인다. 1967년 8월, 아버지가 세상을 떠난 후 독립운동 업적을 보도한 〈경남매일신문〉 8월 9일 자 기사에 따르면, 아버지는 '의열단 고문'을 지낸 것으로 돼 있다. 물론, 이 외 아버지가 '의열단 고문'이었음을 직접 전해주는 자료는 없다. 하지만, 아버지가 의열단장 김원봉(金元鳳, 1898~?)과 밀접했고 중국 국적의 의사로서 독립투

---

38 金在勝, 앞의 초고.

39 조선총독부 경무국 기밀문서 高警 제500호(1924년 2월 13일 자), 「義烈團ニ關スル印刷物送付ノ件」. 이 문서에는 한흥교 외에도 그와 특별한 관계를 유지하고 있던 장명상(張明相, 장건상), 송호(宋虎, 송호성), 김창숙(金昌淑), 이종암(李鍾岩), 손두환(孫斗煥), 현정건(玄鼎健), 원세훈(元世勳), 황학수(黃鶴秀), 오성윤(吳成崙), 서왈보(徐曰甫) 등이 기재되어 있다. 미루어 볼 때 한흥교의 의열단 참여는 1919년 3·1운동 이후 베이징을 중심으로 펼친 대한독립청년단 활동과 연장선에서 이루어진 것이라고 볼 수 있다(金在勝, 앞의 초고).

사 가운데 비교적 경제적 여유가 있었다는 점에서 정식으로 의열단 고문으로 추대되지는 않았다 해도 의열단 조직의 막후 인물로서 비중 있는 역할을 했을 것이다.[40]

의열단 활동과 관련해 독립운동을 펼치다 1930년 7월 체포돼 경성지방법원에서 징역 6월형을 선고받고 수감생활을 한 이우민(李愚民)[41]은 신문 과정에서 "의열단의 조직 구성은 잘 모르나 신문을 통해 단장은 김원봉이고, 단원에는 김대지(金大池), 한진산(한흥교)이 있다는 것을 알았다."라고 진술했다.[42] 이렇듯 당시 독립운동가들 사이에서도 아버지는 의열단의 주요 인사로 알려졌다.

또 아버지는 실제 의열단 거사에도 참여했다. 1923년 8월, 하순 창조파의 신숙(申肅, 1885~1967)이 상하이에서 블라디보스토크로 이동하던 중 활동 자금 3만 엔을 받아 9월 7일 베이징으로 돌아온 일이 있었다. 그때 신숙은 의열단장 김원봉과 비밀리에 거사 계획을 추진했으며, 폭탄 55개를 아버지의 집에 숨겨뒀다. 중국에 귀화한 의사인 아버지의 집만큼 안전한 장소도 흔치 않았기 때문이었다.[43]

---

40 金在勝, 앞의 초고.

41 충청북도 청원군 출신으로 1919년 중국으로 망명하여 대한민국임시정부, 한중호조사, 의열단, 다물단, 한교단 등 독립운동 단체에서 활동하였다(孫艶紅, 앞의 논문, 80쪽 주44 참조).

42 국사편찬위원회, 『韓民族獨立運動史資料集』 30권(義烈鬪爭 3) 〈李愚民 신문조서〉, 1997.

43 朝鮮總督府 警務局, 「京濱地方震災에 關한 國外情報(2)」, 『關東震災에 한 情報』(孫艶紅, 앞의 논문, 81쪽).

아버지는 사회주의 세력과도 연대해 사회주의 선전 활동에도 가담했다. 무장독립투쟁을 주장한 독립운동가들은 1920년 말, 소비에트 러시아 정부와 연대하고자 중러연합 선전부를 조직, 사회주의 선전 활동을 펼쳤다.[44] 아버지도 항일무장투쟁 노선을 지지했다. 그리하여 1920년 4월 박용만(朴容萬, 1881~1928)이 베이징의 항일무장투쟁 세력을 규합해 결성한 제2보합단(第二普合團)에 가입했다. 제2보합단은 박용만, 노백린(盧伯麟, 1875~1926), 김창숙(金昌淑, 1879~1962) 등을 주축으로 결성됐다. 이 단체는 항일무장단체이면서 동시에 러시아 정부의 지원을 받기 위해 러시아인 고문과 통역을 두고 사회주의 선전 활동도 벌였다.[45]

독립운동가 중에는 상하이 임시정부를 인정하면서도 외교독립노선에 불만을 가진 이들이 많았다. 그리하여 상하이 임시정부 결성에 참여했던 박용만 · 신채호 · 신숙 등이 각지의 무장독립단체들을 통일하고, 이를 기반으로 임시정부를 개편하기 위해 1921년 4월 21일 베이징에서 군사통일회의를 개최했다. 이 회의에는 조선국민회, 간도국민회, 서간도군정서, 국내노동회, 국내통일당, 노령국민회의, 하와이 독립단 등 만주 · 노령 · 중국 및 아메리카 주지역의 독립운동 단체의 대표자들이 참가했다. 회의에서는 러시아

44 손염홍, 「1920~30년 북경지역 한인들의 사회주의 혁명운동」, 『한국학논총』 47, 2017, 302쪽. 한편, 천도교 지도자 신숙은 베이징으로 이동하면서 신채호, 박용만 등과 함께 1920년 8월 베이징에서 군사통일촉성회를 발족시켜 군사통일운동에 착수하였다(김정미, 「北京軍事統一會議 연구」, 『대구사학』 60, 2000, 145쪽).

45 손염홍, 앞의 논문, 302쪽.

로 퇴각한 무장부대들이 후일 국내로 진출할 때 같이 행동할 것, 만주에 산재해 있는 독립군 부대들을 게릴라 부대로 재편하여 국경지대에서 무장유격투쟁을 전개할 것 등을 결의했다. 또 상하이 임시정부 임시의정원 불승인안을 통과시킨 대신 한성정부인 '대조선공화국 임시정부'를 계승, 새로운 지도기관을 조직하기로 했다.[46] 이후 아버지는 1921년 11월경 이상룡(李相龍, 1858~1932)을 대통령으로 추대한 '조선공화국정부' 수립 당시 학무총장에 선임됐다.[47] 물론, 그렇다고 해서 아버지가 임시정부를 불승인한 것은 아니었다. 군사통일회의에 직접 참가하지 않았고, 상하이 임시정부 불승인안을 반대했던 이상룡이 대통령에 선임된 점으로 미루어 학무총장에 선임되었다고 상하이 임시정부를 인정하지 않았다고 보기는 어렵기 때문이다.[48]

한편, 베이징으로 독립운동가들이 모여들자 일본뿐만 아니라 중국의 경계와 감시도 심해졌다. 이른바 '과격파'로 불리는 사회주의 혁명세력의 활동을 예의주시한 것이다. 이 와중에 아버지가 중국 경찰에 체포되는 일이 발생했다. 일제의 밀정으로 추정되는 두 사람이 집에 침입한 것은 1921년 음력 10월이었다.[49] 이때 신고를

---

46 김정미, 「北京軍事統一會議 연구」, 『대구사학』 60, 156쪽.

47 신숙(경기도)은 국무총리, 장건상(경상도)은 외무총장, 김대지(경상도)는 내무총장, 김갑(경상도)은 재무총장, 배달무(경상도)는 군무총장, 박용만(강원도)은 교통총장을 맡았다(孫艷紅, 앞의 논문, 84쪽).

48 孫艷紅, 앞의 논문, 84쪽.

49 「國外情報: 在上海不逞鮮人의 往來 등」(1921. 11. 2.), 『大正8年乃至同10年 朝鮮騷擾事件關係書類』(7-2).

받고 출동한 중국 경찰은 집에서 사회주의 관련 서류를 발견하고, 집 근처에서 매복하고 있다가 귀가하는 아버지를 체포했다.[50]

그 무렵 아버지는 모스크바에서 사회주의자로 변모해 베이징으로 돌아온 장건상과 함께 베이징과 화북 · 만주에 있는 독립운동가와 연락하며 사회주의 선전 활동을 전개했다.[51] 이 사건 이후 중국 정부는 한인들의 활동을 더 면밀하게 관찰하고 단속을 강화했다. 그 때문에 베이징의 독립운동, 특히 사회주의 혁명운동은 활력을 잃고 말았다.[52]

아버지는 베이징에 모인 독립운동가들과 연합해 교민단체 성격으로 결성된 한교구락부(韓僑俱樂部)의 총무간사를 맡기도 했다.[53] 한교구락부는 베이징 지역 한인들의 친목과 생활 구제, 유학생을 위한 외국어 교육기관 설치 등을 목적으로 설립됐다. 그뿐 아니라 베이징 지역 한인들의 민족의식과 항일정신을 고취하고 독립운동을 주도하는 역할도 수행했다.[54] 앞서 대한독립청년단 조직에 주도적 역할을 했던 아버지는 이후 유학생들을 중심으로 한 대한독립후원회와 대한소년단도 조직했다. 대한독립후원회 회장은 아버지, 교육부장은 신철(申哲), 이사부장은 임유동(林有棟),

---

50 〈신한민보〉, 1921년 12월 29일, 「일인이 중국 재류 한인을 음해」.

51 면담 이정식, 편집해설 김학준, 『혁명가들의 항일회상』, 200쪽.

52 「國外情報: 上海에서의 共産黨에 한 건」(1921. 11. 3.), 『大正8年乃至同10年朝鮮騷擾事件關係書類』(7-2).

53 손염홍, 『근대 북경의 한인사회와 민족운동』, 역사공간, 2010, 57쪽. 구락부의 발기인은 한흥교 외에 박용만, 박건병, 김대지, 최동오, 이진산, 신팔균, 이민창, 김세준 등이었다.

54 孫艷紅, 앞의 논문, 86쪽.

간사는 베이징대학 예비과 신필(申弼)이 맡았으며, 베이징대학 예비과 학생 신헌(申憲)은 회원이었다. 아버지는 대한소년단 총재도 맡았는데, 단장은 한형석의 형 한원석이었고, 총무는 김근태(金根泰)였다.[55]

1921년 4월에 개최된 군사통일회의가 끝나고 독립운동가들이 베이징을 떠나면서 한교구락부의 활동은 크게 위축됐다.[56] 반면, 1923년 들어와 유학생이 증가하자 유학생 단체와 교민 단체는 재정비를 통해 활기를 되찾았다.[57] 하지만 그 과정에서 단체 내에서 이념과 방법상의 차이를 두고 분쟁과 대립이 격화되기도 했다. 베이징 한인사회의 유지였던 한흥교는 이러한 분쟁과 대립을 해결하기 위해 동분서주했다.

아버지는 1923년 3월 하순에 조직된 국민당 이사로 발기인 명단에도 이름을 올렸다.[58] 국민당은 남형우(南亨祐, 1875~?), 김동삼(金東三, 1878~1937), 배천택(裵天澤, ?~?), 신채호, 김창숙 등 임시정부 개조파 인사들에 의해 조직됐다. 1923년 6월 열릴 예정이었던 국민대표회의가 결렬된 후 남형우, 김동삼, 배천택 등을 비롯한 국

---

55 「北京에서의 不逞團의 狀況」(1922. 1. 16.).

56 1922년 무렵 베이징에 도착한 유자명은 그 당시 베이징의 한인사회에 조직된 단체가 없었다고 회고하였다(유자명, 『유자명 수기-한 혁명자의 회억록』, 독립기념관 한국독립운동연구소, 1999, 95쪽).

57 孫艶紅, 앞의 논문, 88쪽.

58 조규태, 「1920년 재북경 대구 · 경북인의 국민당 활동」, 『대구사학』 100, 2010, 361쪽. 국민당은 남북만주를 중심으로 토지를 개척하여 군사력을 양성하는 둔병제 항일무장투쟁 방략을 내세웠고, 의열 투쟁도 전개하고자 하였다. 이것은 한흥교의 독립운동노선으로도 볼 수 있다(孫艶紅, 앞의 논문, 90쪽).

민당 주요 간부들은 베이징으로 이동했고, 국민당 본부도 베이징으로 이전했다.[59] 이는 아버지가 국민당 활동에 직접적으로 참여하는 계기가 됐다. 다만, 그는 1925년까지 당원 모집이나 군자금 모집 등을 제외하고 주목할 만한 활동은 하지 않았다.[60]

1924년 3월경 연해주에서 추방당한 원세훈(元世勳, 1887~1959)과 윤해(尹海, 1888~1939) 등 창조파가 베이징에 들어오고, 6월경 안창호(安昌浩, 1878~1938) 도 베이징으로 건너와 해전농장을 경영하면서 흥사단의 근거지를 형성했다. 이로써 베이징은 1921년 베이징군사통일회의 당시처럼 다시 독립운동의 중심지로 부상했다. 이 무렵 아버지는 이들과 연합해 분열된 한인사회와 독립운동 세력을 통합하는 데 힘썼다.[61] 그 일환으로 1924년 7월 24일, 한교자치회를 대신해 조직된 것이 한교동지회였다. 아버지는 서왈보, 신숙 등과 함께 한교동지회의 임시집행위원으로 선정된 데 이어 8월 6일에 열린 총회를 통해 서왈보 등 다섯 명과 함께 정식 집행위원으로 선정됐다.[62]

한교동지회는 이듬해 1월 10일에 서왈보 · 장건상 · 배천택 · 김세준 · 최동오 등을 간부로 선출하고, 아버지를 유신 · 조남승 등과 함께 간부 후보로 지명했다. 이 중 배천택 · 김세준 · 유신 등은 국민당 출신이었고, 아버지와 함께 사회주의 선전 활동을 했던 장건

---

59 조규태, 앞의 논문, 364~365쪽.

60 박환, 「1920년 중반 북경지역 다물단의 성립과 활동」, 『한국민족운동사연구』 33, 2002, 72쪽.

61 孫艷紅, 앞의 논문, 91쪽.

62 孫艷紅, 앞의 논문, 91~92쪽.

상도 합류함으로써 한교동지회 내에는 국민당과 사회주의 세력의 비중이 증가했다.[63]

1925년 3월 1일 독립기념일을 기해 아버지는 배천택과 함께 국민당 간부로서 원세훈을 비롯한 창조파와 연합, 민족주의 계열 유학생을 중심으로 비밀결사인 도보사(導報社)를 조직했다.[64] 도보사는 기관지인 『앞잡이』를 간행했는데 아버지는 서왈보 · 조국광 등과 함께 자금을 지원했다.[65] 『앞잡이』는 한 달에 세 번 발간됐으나 자금 부족으로 인해 1926년 4월 제28호를 끝으로 폐간됐다.[66]

또 아버지는 1925년 4월 다물단(多勿團)의 창립을 주도했다.[67] 다물단은 독립운동단체에 숨어든 친일분자와 밀정을 처단하기 위해 국민당이 조직한 단체였다.[68] 아버지는 의료사업에도 힘을 기울였다. 아버지는 베이징에서 한인 의사로 구성된 연합병원 설립을 추진, 1926년 6월 하순 현동익, 오상현 등과 동업해 화북연합의원(華北聯合醫院)을 개원했다.[69]

---

63 孫艶紅, 앞의 논문, 92쪽.

64 조규태, 「1920년 중반 재베이징 創造派의 民族唯一黨運動」, 『한국민족운동사연구』37, 2003, 249~261쪽.

65 「在北京報社簡章에 關한 件」(1925. 7. 29.), 『不逞團關係雜件-朝鮮人의 部-在支那各地』 4.

66 孫艶紅, 앞의 논문, 93쪽.

67 孫艶紅, 앞의 논문, 93쪽.

68 박환, 앞의 논문, 73쪽. 이 다물단은 1925년 3월 30일 밀정 김달하를 처단한 다물단과는 다른 단체이다(조규태, 앞의 논문, 2010, 370쪽). 한편, 한흥교가 다물단에서 구체적으로 어떤 활동을 하였는지는 자세히 알 수 없다(孫艶紅, 앞의 논문, 93쪽).

69 孫艶紅, 앞의 논문, 94쪽.

귀국과 만주로의 재망명

아버지는 1929년 6월 조부가 사망함에 따라 베이징에서의 활동을 접고 급히 귀국, 동래에서 대동의원을 다시 개원하고 의료봉사활동을 펼쳤다. 아버지는 가난한 환자들을 무료로 진료해주고, 1929년 어린이날에는 소년 300여 명과 무산노동자 자녀 등 학생 수백 명을 대상으로 무료로 건강검진도 해주었다.[70] 또 이재민을 대상으로 무료진료도 했다.[71]

이와 함께 아버지는 동래지역에서 추진되는 사회운동에도 참여했다. 이때 길잡이 역할을 해준 이는 삼촌 한우교(韓禹敎)였다. 삼촌은 1929년 1월에 개최된 신간회 동래지회 제1회 정기대회에서 조직선전부 간사를 맡는 등 민족주의 계열의 유지로 활약하고 있었다. 아버지는 1929년 12월, 동래시구개정변경 면민대회 의장을 맡았으며, 1930년에는 동래지역의 중년층과 청년층의 친목을 도모하고 지역 발전을 도모하고자 조직된 경오구락부(庚午俱樂部)에도 참여했다.

그러나 1931년 9월에 만주사변(滿洲事變)이 발발한 후 한국민을 향한 일제의 탄압이 극심해졌다. 오래전부터 일제의 감시망에 포착됐던 아버지로서는 고향에서의 생활이 순탄할 리 없었다. 결국, 아버지는 1933년 어머니와 함께 만주로 망명했다. 아직 어린 천

---

70 〈중외일보〉 1929년 5월 19일, 「대동의원 主 한홍교씨 특지」.

71 〈중외일보〉 1930년 4월 17일, 「罹災民爲해 無料診券配付 東萊大東醫院에서」.

석 · 연석 · 갑석 · 화석 · 정석 다섯 동생들은 교육 문제로 고향 집에 남도록 했다.

만주로 망명한 아버지는 랴오둥(遼東)성 장허현 대고산에서 병원을 개업하다가 조선민회 만주 통화성 류허현 주재 촉탁의 및 류허현 공의로 임명됐다.[72] 1937년 중일전쟁(中日戰爭) 이후 아버지는 만주를 떠나 각지를 전전하다 타이위안(太原)에 정착, 대동병원을 열었다. 당시 아버지의 집은 베이징에서와 마찬가지로 만주와 연안을 오가던 사회주의 독립운동가들이 모여드는 비밀 아지트였던 것 같다.[73] 광복을 맞은 뒤 충칭(重慶) 임시정부가 아버지를 타이위안 대표로 임명, 교민을 인솔해 귀국하도록 한 것이 이를 뒷받침한다. 아버지는 실제로 타이위안지구에 있었던 수백 명의 교민과 일본군에 징집됐던 청년들을 인솔해 1946년 5월, 광복된 조국 땅을 밟았다. 이후 아버지는 마산도립병원장을 지낸 다음 한내과 병원을 개원했다. 그리고 1967년 8월 6일, 86세를 일기로 세상을 떠났다.

---

72 부산근대역사관 편, 앞의 책, 234쪽.

73 부산근대역사관 편, 앞의 책, 18쪽.

2장

중일전쟁과 예술구국운동

1

예술구국운동의 첫발

신화예술대학 진학

베이징에 홀로 남은 한형석은 진로 문제로 고민에 빠졌다. "만주로 가서 의과대학에 입학하라."라는 아버지의 당부대로 의학을 공부하자니, 선뜻 용기가 나지 않았다. 한형석은 의학과 자신의 적성이 맞는지 확인해보고 싶었다. 그래서 베이징의과대학에 다니는 선배를 찾아가 해부실 구경을 부탁했다. 해부실에 들어서자마자 소독약 냄새와 섞여 풍기는 악취가 코를 찔렀다. 해부대 위에 늘어져 있는 사체를 본 한형석은 얼굴을 가리고 해부실을 뛰쳐나갔다. 그날부터 2~3일간 구토가 멈추지 않아 음식을 먹을 수 없었다. 무엇보다도 해부대 위의 사체가 눈앞에 아른거려 마음이 어지러웠다.

한형석의 고민은 더욱 깊어졌다. '아버지의 뜻을 따라 의사가 되기 위해 해부실에서의 고충을 감내해야 하는가? 아니면 아버지의 뜻을 거스르는 불효자가 될 것인가?' 그때 문득 아버지가 들려줬던 쑨원의 이야기가 떠올랐다. 의사였던 쑨원이 개인적인 인술(仁術)의 실행 대신 4억 중국 인민을 살리기 위해 혁명에 나섰다는 그 이야기였다. '쑨원도 의술을 버리고 삼민주의(三民主義)를 부르짖으며 국민혁명을 제창하지 않았던가?' 한형석은 부친이 건네준 조국의 흙과 태극기를 조심스레 꺼내 들었다. 그러고는 흙과 태극기에 담긴 의미를 곱씹었다. 하지만 이렇다 할 결정을 내리지 못한 채 1929년 8월 노하고급중학교 3년 과정을 마쳤다.

졸업 후에도 그의 진로 고민은 한동안 계속됐다. 한형석은 답답한 마음에 중국 황제가 천제(天祭)를 지내는 천단(天壇)을 찾았다. 자신의 진로를 하늘에 묻고 싶어서였다. 한형석은 천단 앞에 한참을 엎드려 있으면서 내면의 소리에 귀 기울였다. 이윽고 몸을 일으켰을 때 한형석의 표정은 한결 평온해졌다. '비록 아버지의 뜻을 거스른다 해도 스스로 더 큰 뜻을 이룬다면 불효가 아니다.'라는, 스스로 찾은 해답을 하늘의 뜻으로 받아들이기로 했다. 아버지가 바랐던 의술을 대신할 그 무엇을 찾되 그 안에 조국의 흙과 태극기의 의미를 새기고자 결심한 것이다.

마음을 정한 한형석은 곧 짐을 꾸려 싱가포르인 친구와 함께 상하이행 기차를 탔다. 만 11년간 자신을 받아줬던 베이징과의 이별이 못내 아쉬웠지만, 꿈을 찾아 기꺼이 낯선 길을 택했다. 기차는 꼬박 3일 밤낮을 달려서야 상하이에 도착했다. 스무 살의 어엿한 청년으로 자란 한형석의 시야에 들어온 상하이는 그 옛날 여섯 살배기의 눈에 담았던 그 도시가 아니었다. 대마로(大馬路)의 나무로 만든 길바닥만 그대로일 뿐, 눈에 익은 것 하나 없이 모든 것이 새로웠다.

상하이에 도착한 한형석이 가장 먼저 찾은 이는 대한민국임시정부 요인으로 활동 중이던 조성환이었다. 조성환은 아버지와 뜻을 같이한 동지였다. 그에게 솔직한 심정을 털어놓고 앞으로의 진로를 모색해보고 싶었다. 하지만 조성환이 어디에 머물고 있는지는 알 수 없었다. 하는 수 없이 임시정부 언저리를 맴돌며 백방으로 그의 거처를 수소문하기 시작했다.

그렇게 일주일가량을 헤맨 끝에 한형석은 우연히 조성환을 만날 수 있었다. 한형석이 한눈에 알아본 반면, 조성환은 한형석을 알아보지 못했다. 아버지의 이름을 밝힌 뒤에야 조성환은 비로소 한형석의 두 손을 꼭 잡으며 반가워했다. 두 사람은 조용한 찻집으로 자리를 옮겼다. 한형석은 아버지의 소식과 상하이로 오게 된 경위를 조성환에게 소상히 설명했다. 한참 만에 조성환이 입을 열어 특기가 무엇이냐고 한형석에게 물었다. 한형석은 조금의 망설임도 없이 음악이라고 답했다. 순간, 조성환은 무릎을 치며 "그럼 됐다. 너는 아버지의 독립정신을 이어받아 예술구국(藝術救國)에 매진하거라."라고 말했다. 의아한 표정을 짓는 한형석에게 조성환은 프랑스혁명가(歌) 〈라 마르세예즈(La Marseillaise)〉 이야기를 꺼냈다. "〈라 마르세예즈〉가 프랑스 혁명을 성공시켰지. 프랑스 국민을 하나로 뭉치게 한 프랑스 혁명가가 백만 대군보다 강했단다. 조국 독립을 위해서는 백만 대군도 중요하지만, 그보다 민족의 정신무장이 급선무이고, 여기에는 음악과 연극 등 예술 활동이 효과적이란다." 그러고는 한형석에게 상하이의 신화예술대학(新華藝術

大學)에 입학할 것을 권유했다. 한형석은 비로소 자신의 길을 찾은 듯했다.

한형석은 조성환의 가르침을 좇아 1929년 9월 신화예술대학 예술교육과에 입학했다. 당시 신화예술대학은 오늘날 사범대학과 비슷했다. 한형석은 그곳에서 작곡, 화성, 합창, 시창(視唱), 음악 감상 등을 전문적으로 공부했는데, 그중에서도 작곡 공부를 좋아했다.[1] 한형석은 신화예술대학에 진학해 음악을 공부할 수 있어 좋았으나 문제는 생활비였다. 아버지가 주고 간 돈이 떨어져 학업은커녕 당장 살아갈 길마저 막막했기 때문이었다. 궁리 끝에 한형석은 일자리를 찾아 나섰다. 다행히 영어를 잘해 대마로(大馬路)의 한 악기점에 취직할 수 있었다. 1932년 4월 29일 낮, 한형석이 점원으로 일하고 있던 악기점 밖에서 "호외(號外)! 호외!"라는 신문팔이 소년들의 외침이 들렸다. 한형석은 악기점 문을 열고 무심코 호외 한 장을 집어 들었다. 지면에는 '한국인 윤봉길 작사료(韓國

---

1 이 무렵 한형석은 국립음악원(國立音樂院)에서도 공부했던 것으로 보인다. 「국립음악원 학생 학업성적 보고단」이라는 문서에 따르면 '2년급 학생 한형석 29년도 하(下)학기 각과 성적'이라는 문구가 남아 있기 때문이다. 따라서 한형석은 1929년 신화예술대학 입학을 전후한 어느 시기에 국립음악원 학과를 이수했다고 볼 수 있다. 문서에는 한형석이 이수한 음악 과목과 보통 과목의 점수도 기록되어 있다. 음악 과목 중에는 작곡 초보, 화성(和聲), 합창에서 높은 점수를 받았고, 보통 과목에서는 군사학과에서 높은 점수를 받았는데, 평균 점수는 80점이었다(하유식, 「중국에서의 예술구국활동」, 『대륙에 울려 퍼진 항일정신-먼구름 한형석의 생애와 독립운동』, 부산근대역사관, 2006, 30쪽). 국립음악원은 중국 상하이음악학원(上海音學院)의 전신으로 차이위안페이(蔡元培)와 음악교육가 샤오유메이(蕭友梅)가 1927년 공동으로 설립한, 중국 최초의 독자적인 고등 음악학부였다(梁志善, 앞의 논문, 209쪽 주11).

人尹奉吉炸死了), 일본백천대장(日本白川大將)'이라는 제목의 기사가 실려 있었다. 한형석은 잠시 호흡을 가다듬고, 기사를 천천히 읽어 내려갔다.

1932년 4월 29일 상오 11시 40분, 한국인 윤봉길 폭탄으로 홍구공원(虹口公園)에서 천장절(天長節) 기념 및 상하이 전승 축하식장에 참석한 일군 시리카와 요시노리(白川義則) 대장, 가와바타 사다지(河端貞次) 상하이거류민 일본 단장을 폭사시키고, 노무라 기치사부로(野村吉三郎), 우에다 겐키치(植田謙吉) 중장, 시게미쓰 마모루(重光葵) 주중공사, 무라이 쿠라마쓰(村井倉松) 상하이 총영사 등 다인(多人)을 중상케 했다.

순간, 한형석의 머리는 쭈뼛 서고 가슴이 요동쳤다. 자신도 모르게 두 주먹을 불끈 쥐었다. 윤봉길(尹奉吉, 1908~1932) 의사의 의거로 눈물겨운 흥분과 쾌감을 느낀 이는 한국인만이 아니었다. 중국인들은 앞다퉈 "중국인의 울분을 한국 청년이 풀어줬다."라며 야단이었다. 그날 상하이의 밤은 윤봉길 의사의 쾌거를 경축하는 폭죽 소리로 진동했다. 윤봉길 의거 즉시 일본군 특무대는 한국 독립운동가들을 체포하기 위해 혈안이 됐다. 상하이 거리는 일본군의 발광으로 어수선해졌다. 상하이 어디에도 한국인이 마음 놓고 다닐 거리는 없었다.

교편생활과 초연작 〈리나〉

1933년 가을, 한형석은 고학(苦學)으로 버텼던 신화예술대학을 마침내 졸업했다. 졸업과 동시에 교사 자격증을 취득했지만, 그렇다고 해서 당장 교사로 임용될 수 있는 것은 아니었다. 일자리는 스스로 구해야만 했다. 하지만 한형석은 상하이에 있는 학교에서는 일하고 싶지 않았다. 4년간 고학하면서 상하이에 염증을 느낀 데다 윤봉길 의거 후 일제의 탄압이 극심해졌기 때문이었다.

다행히 친지들의 도움으로 1933년 7월, 산둥성(山東省) 당이현(當邑縣)에 있는 무훈중학교(武訓中學校)의 음악 겸 영어 교사 자리를 얻었다. 그는 홀가분한 마음으로 상하이를 떠났다. 무훈중학교는 구걸과 머슴살이로 돈을 모은 걸인교육가 '무훈(武訓)'이라는 사람이 청조(淸朝)에 세운 4개 학교 중 하나였다. 한형석은 베이징을 떠난 지 6년 만에 베이징행 기차를 타고 지난(濟南)에 내린 뒤 마차를 타고 무훈중학교에 도착했다. 학교는 자그마한 촌락에 있었다.

부임 첫날, 전교생이 마중 나와 한형석을 환영했다. 그 순간, 상하이에서 누적된 피로가 한꺼번에 씻겨나가는 듯했다. 허허로운 가슴은 부푼 희망과 따스한 행복감으로 채워졌다. 한형석은 그날 자신의 젊음을 학생들에게 송두리째 바치겠노라 다짐했던 그대로, 매 순간 열성으로 임했다. 그 결과 1년 만에 무훈학숙(武訓學塾)의 명교사로 인정받을 수 있었다.

1934년에는 산둥행정인원훈련소 교관에 위촉돼 지난에 있는 산둥성립여자사범부속소학교로 전근했다.[2] 이 무렵 다행히 만주에 망명 중인 부모와 연락이 닿았다. 그때 다섯 동생은 서울로 이사해 그곳에서 학교에 다니고 있었다. 아버지가 만주에서 병원을 운영해 자금을 보내고 있었지만, 동생들의 생활비와 학비를 충당하기에는 빠듯했다. 한형석은 그때부터 매월 중국 은폐(銀幣) 30원씩을 동생들에게 보냈다.

같은 해 한형석은 '한유한(韓悠韓)'으로 개명했다. 한유한은 '형석이 조국을 그리워한다(韓: 형석, 悠: 그리워한다, 韓: 조국)'라는 의미를 담은 이름이었다. 즉, 본격적으로 예술구국의 길을 걷겠다는 결연한 의지를 드러낸 것이다. 필명은 '한서(罕西)', '한희(罕希)', '한석(韓錫)', '한유(韓悠)' 등으로 했다. 그중 '한서'와 '한희'는 중국 발음으로 '한석(韓錫)'과 같았다.

'한유한'이라는 이름으로 그가 세상에 내놓은 첫 작품은 〈신혁명군가(新革命軍歌)〉였다. 정확히는 '작곡 한유, 작사 한서'로 발표했다. 중국인의 총화단결과 총궐기를 내용으로 한 〈신혁명군가〉에 대한 중국인의 반응은 기대 이상으로 뜨거웠다. 한형석의 창작욕구는 더욱 솟구쳤다.

당시 산둥성립여자사범부속소학교는 지난에서 예술교사로 이름이 알려진 한형석에게 현대식 교사 건립을 맡겼다. 한형석은 흔쾌히 교사 건립의 책임을 맡는 한편, 아동극장(兒童劇場)의 설립

---

2 한형석, 「나의 人生 나의 보람」.

도 제안했다. 그의 아동극장 설립 제안이 받아들여지면서 산둥성립여자사범부속소학교에 중국 최초의 아동극장이 들어서게 됐다. 당시 지난에는 산둥성이 설립한 희극학교가 있었고, 그 부속으로 실험극장, 실험극단, 악대도 있었다. 한형석은 아동극장과 산둥성립희극학교 부속 실험극장을 무대로 갖가지 예술 활동을 전개했다. 이후 그곳에서 마오쩌둥(毛澤東)의 처가 된 연극배우 장칭(江青)과도 자주 교류했다.

1937년 6월, 한유한은 여름방학을 맞아 생애 첫 종합예술작품인 〈리나(麗哪)〉를 아동극장에서 발표했다. 한형석은 이 작품의 시나리오, 작곡, 연출 작업은 물론, 주연까지 도맡았다. 〈리나〉는 나라 잃은 폴란드의 노(老) 음악가가 어린 딸 리나를 데리고 집시로 변장해 전국을 전전하며 독립운동을 하는 내용의 가무극이다. 한형석은 이 작품이 예술구국운동의 시작이라고 생각해 노음악가 역을 직접 맡아 열연했다. 지난 사회는 이 작품을 극찬했다.[3] 아울러 한형석이 한국인이라는 사실을 아는 친구들은 그가 이 작품에 조국 독립을 향한 염원을 잘 담아냈다며 격려를 아끼지 않았다. 한형석도 이를 통해 자신의 진로에 대해 비로소 자신을 갖게 됐다.

---

3 현재 〈리나〉의 극본은 존재하지 않지만 독창곡 〈유랑자의 노래〉와 합창곡 〈반공급진곡〉은 남아 있다. 고음과 저음이 반복되는 선율의 〈유랑자의 노래〉는 5음 음계로 구성되어 동양적 색채감을 느끼게 해준다(김창욱, 「한형석과 항일음악」, 『먼구름 한형석의 생애와 독립운동』, 부산근대역사관, 2006, 76쪽).

2
항일연극대와 전시공작간부훈련단

중국희극학회 제2항일연구대장

〈리나〉를 발표한 한형석은 여름방학을 얼마 안 남기고 휴식을 위해 여행을 떠났다. 애초 상하이로 가려 했으나 어수선한 분위기가 마음에 걸려 평안(奉安)에서 내렸다. 이곳에서 한형석은 태산(泰山)에 올랐다.

태산은 워낙 높고 험한 산에 비유됐기 때문에 내심 긴장했지만, 기우에 불과했다. 그는 '오르고 또 오를 것'도 없이 단숨에 태산 정상까지 올랐다. 발아래로 굽이굽이 흐르는 태산을 바라보니 '이 지역에서 가장 높은 산인 것은 분명하구나' 할 정도의 높이였다. 하지만 사방으로 펼쳐진 산야의 경관은 가히 절경이었다. 이튿날에는 취푸(曲阜)에 있는 공자의 묘를 찾아갔다. 사당 앞에 선 한형석은 자신도 모르게 고개를 숙였다. 사당의 지붕이 궁궐에서만 사용할 수 있는 황색 기와로 덮여 있어 매우 인상적이었다.

한형석이 중국의 명승지를 둘러보던 1937년 7월 7일, 중일전쟁

(中日戰爭)이 일어났다. 당시 중국인들은 별로 놀라지 않았다. 그저 일본군의 노략질 정도로만 치부했다. 누구도 이 전쟁이 처참한 '8년 전쟁'으로 확대되리라고는 생각하지 못했다. 한형석도 여행을 계속했다. 하지만 전쟁의 양상은 예상과 달리 흘러갔다. 베이징, 난징 등 주요 도시들이 차례로 일본군에 함락됐다. 중국 정부도 전면전에 대비해 충칭으로 수도를 옮겼다.

중국인들은 이 전쟁을 '노구교(蘆溝橋)사건(일명 7·7사변)'이라고 불렀다. 노구교에서 벌어진 양국 군대의 무력 충돌이 전쟁의 시발점이 됐기 때문이었다. 노구교는 마르코폴로의 기행문에도 나오는 유명한 돌다리다. 금(金)나라 때에 만들어진 이 다리는 길이가 240보(步)에 이르고, 난간에는 284개의 돌기둥이 세워져 있었다. 다리 양쪽 입구에는 거대한 돌사자가 버티고 있으며, 교두(橋頭) 비석에는 건륭제(乾隆帝)가 쓴 '노구효월(蘆溝曉月)'이란 글귀가 새겨져 있다.

일본군은 21일 만에 베이징을 점령해 괴뢰정부를 세우고 파죽지세로 대륙을 장악해 갔다. 이에 반해 중국 정부는 속수무책이었다. 8월 13일 상하이가 함락되자 비로소 중국인들의 가슴에 항전 의지가 일어나기 시작했다. 가장 먼저 항전의 깃발을 든 이들은 문화인들이었다. 중국 내 희극예술가들도 예술을 통해 항일전쟁에 이바지하고자 앞다투어 연극대(演劇隊)와 극사(劇社)를 조직했다.[4] 이들은 "희극을 무기로 일본 강도를 타도하고, 강철 같은

---

4 梁志善, 앞의 논문, 211쪽.

노래로 민족해방을 위해 울부짖자!"라며 항전에 참여할 것을 독려했다.

한형석도 지난의 예술인들이 결성한 중국희극학회(中國戱劇學會) 소속 항일연극대에 참여했다.[5] 중국희극학회는 넉넉지 않은 살림에도 각지에 극단과 극장을 만들어 항일 선전과 물자 모집 등에 힘을 보탰으며, 희극출판사를 설립하거나 희극잡지를 발행하기도 했다.[6]

한형석이 속한 항일연극대는 1937년 10월께 쉬저우(徐州)로 들어가 농촌을 순회하며 항일계몽 공작을 펼쳤다. 한형석은 이후 제2항일연극대의 대장을 맡아 40여 명의 대원을 이끌고 룽하이(隴海) 철로를 따라 서쪽으로 이동해 허난(河南), 카이펑(開封)에 이르렀다. 시안을 지나는 룽하이 철로는 중국의 화둥(華東), 화중(華中)과 시베이(西北) 지역을 연결하는 중요한 이동수단이자 보급로였다. 만약 일본이 이곳을 점령하게 된다면 서북쪽의 군대를 화중, 화난(華南)으로 이동시켜 전세가 중국 측에 더욱 불리해질 것이 분명했다. 이에 시베이지역 중국군은 룽하이 철도와 주변 주요 도로를 파괴하는 등 일본군의 이동수단과 보급로 차단에 나섰다. 따라서 이들의 사기 진작과 항일의식 고취는 전세와 직결되는 중요한 문제였다.[7]

5 이때 한형석은 중국 부인인 강엽을 만난 것으로 보인다(梁志善, 앞의 논문, 211쪽, 주18).

6 梁志善, 앞의 논문, 211쪽.

7 梁志善, 앞의 논문, 212쪽.

중국희극학회 제2항일연극대 대장 시절의 한형석.
앞줄 맨 왼쪽이 한형석

항일연극대는 문인 · 화가 · 음악인 · 연극인 등으로 구성됐다. 문인들로 구성된 문예부는 국내 소식과 전황, 항일만화나 그림, 항전가요, 시, 소설 등을 담은 벽보를 제작했다. 벽보는 사람이 많이 모이는 곳에 붙였는데, '대자보(大字報)'라는 단어가 여기에서 유래했다. 미술부는 항일벽화와 포스터 등을 그리고, '타도일본귀자(打倒日本鬼子: 일본 악마를 타도하자)', '군민합작(軍民合作)', '보위조국(保衛祖國)' 등의 표어를 대로변 벽에 크게 쓰기도 했다. 음악부는 작곡과 노래를 지도했으며, 부녀부는 농촌 여성을 계몽했다. 연극부는 연극을 상연했다. 그때 주로 공연한 연극은 〈너의 채찍을 놓아라〉라는 가두극(街頭劇)이었다. 이 연극의 내용은 다음과 같다.

한 소녀가 노래를 부르며 곡예를 한다. 소녀는 곡예를 하다가 쓰러진다. 다시 일어나 곡예를 시작하나 자꾸만 쓰러진다. 곡예주인인 노인이 소녀에게 욕설을 퍼붓고 채찍질을 하면서 곡예를 계속하라고 호령한다. 피투성이가 된 소녀는 자꾸만 쓰러지고 노인의 채찍은 더욱 강하게 소녀의 가냘픈 몸을 내리친다. 이를 보다 못한 군중 속 한 청년이 뛰어나가 노인을 말린다. 노인은 말리는 청년까지 채찍으로 갈긴다. 참다못한 청년은 노인을 때려누이고 소녀를 구한다. 이때 소녀는 "아버지!"라고 말하며 청년에게 매달려 살려달라고 애원한다. 청년은 "소녀를 매수해서 혹사하는 영감을 죽여야 한다!"라고 소리친다. 소녀는 "왜놈들이 만주를 점령해서 관내(關內)로 피난했다가 7 · 7사변으로 다시 도망하는 바람에 부모와 헤어지고 굶주려서 곡예를 못 한다."라며 호소한다. 청년은 "곧 왜놈들이 여기까지 쳐들어올 것이니 온 국민은 모두 일어서 일본 귀자(鬼子)를 타도하자!"라고 외친다.

이 연극을 보고 난 중국인들은 적개심에 불탔다. 청년 중에는 그 자리에서 의용군에 자원입대하는 이들도 많았다.

1937년 말 한형석이 속한 항일연극대는 시안으로 이동했다. 시안은 후방이었지만 일본군 전투기의 공습으로 많은 건물이 파괴됐다. 항일연극대는 시안을 근거지로 황하(黃河) 양쪽의 농어촌에서 1년 반가량 공작을 이어갔다. 대원들은 〈아문적고향(我們的故鄉)〉, 〈타귀자거(打鬼子去)〉, 〈군호(君號)〉 등을 연달아 무대에 올렸다. 1938년 7월에는 옌안(延安) 루쉰예술학원(魯迅藝術學院)에서 온 예술원들과 함께 〈황화강(黃花崗〉, 〈일출(日出)〉과 같은 대규모 공연도 펼쳤다. 그러다가도 공연할 형편이 안 되거나 전세(戰勢)가 긴박한 상황이 되면 직접 전투병으로 전선에 나가 일본군과 맞서 싸웠다.[8]

간사단(幹四團)
음악교관

한형석은 1939년 6월에 34집단군 제10사(師) 정치부 공작대장으로 임명돼 장제스가 항일투쟁 기간 중

8 梁志善, 앞의 논문, 212쪽.

가장 치욕스러웠다고 평가할 정도로 중국군의 희생이 많았던 중조산(中條山) 전투에 참전했다. 중조산은 산시성 남부 황화와 속수하(涑水河) 사이에 위치하며 태행산(太行山)과 화산(華山)의 중간에 길고 좁은 형태로 되어 있다. 뤄양, 퉁관(潼關), 중원 지역을 병풍처럼 둘러막고 시안과 서북부를 방어해주는 형세이므로 전략적으로 매우 중요한 곳이었다. 이 전투에서 중국군은 무려 8만 명이나 전사했다.

중조산 전투에서 한형석도 위기를 맞았다. 한형석과 대원 30여 명은 사단본부를 따라 전진하다가 갑자기 후퇴하는 바람에 낙오해 일본군에 포위됐다. 한형석과 대원들은 이틀 밤낮 산중을 헤매면서 포위망을 뚫으려고 안간힘을 썼지만 여의치 않았다, 식량도 떨어져 풀을 뜯어 먹었고, 잠도 잘 수 없어 꾸벅꾸벅 졸면서 행군을 계속했다. 천신만고 끝에 포위망을 빠져나오기는 했으나 그 과정에서 대원 여럿이 목숨을 잃고 말았다.[9]

1939년 10월 17일, 천청(陳誠, 1898~1965)[10] 군사부장은 한형석을 중국 국민당 중앙집행위원회 훈련위원회 전시공작간부훈련단 제4단 특과(特科) 총대(總隊) 제2대대 예술반 음악조 교관으로 임명했다. 당시 계급은 오늘날 소령에 해당하는 소교(小校)였다. 중국 국민당 중앙집행위원회 훈련위원회 전시공작간부훈련단 제4단의 약칭은 '간사단(幹四團)'이었다. 간사단은 예비 청년 장교들

---

9 한형석, 「나의 人生 나의 보람」.

10 대만 행정원장 겸 부총통을 지냈다. 대한민국 정부는 한국독립운동을 지원한 공로를 인정해 1968년 삼일절에 건국훈장 대통령장을 수여했다.

을 단기간에 훈련해 졸업과 동시에 소위로 임명하고, 정치부 장교로 파견했다. 당시 중국에는 이 같은 훈련단이 네 곳 있었는데, 이 중 제4단은 훈련생만 1만 명에 달할 정도로 규모가 컸다.

한형석은 간사단 부교육장인 장젠런(蔣堅忍) 장군이 작사한 〈전사가(戰士歌)〉를 작곡해 훈련생에게 가르쳤다. 이를 계기로 장젠런 장군으로부터 두터운 신임을 받았으며 중교(中校)로 진급했다. 두 사람의 친분은 계속 이어져 장젠런 장군이 대만 국방부 정치부 주임으로 재직 중이던 1961년에 한형석을 초청해 후하게 대접했다.

3장

한국청년전지공작대와 한국광복군

1
나월환과의 운명적 만남

한국청년간부 훈련반

한형석이 간사단 음악교관으로 활동하고 있었던 1939년 10월, 임시정부가 있는 중경에서 한국청년전지공작대(韓國青年戰地工作隊)가 재조직됐다.[1] 당시 임시정부는 이리저리 옮겨 다니며 항일투쟁계획만 세울 뿐 실질적인 항전에 나서지 못하고 있었다. 이를 안타깝게 여긴 나월환(羅月煥, 1912~1942) 등의 애국청년들이 자발적으로 일어나 하루라도 빨리 일본군과 전선에서 맞서 싸우기 위해 공작대를 재조직한 것이다.

한국청년전지공작대는 한국 동포가 많이 사는 화북지방과 서북전선이 가까운 시안에 근거지를 두고 본격적인 활동 준비에 들어

---

1 한국청년전지공작대 대원은 나월환, 김동수, 박기성, 이하유, 이재현, 조시제, 맹조화, 평지성, 김원영, 현이평, 송길집, 하상기, 김작생(평지성 부인), 엄익근, 김인(김구 장남) 등이었다. 이중 맹조화는 상하이 임시정부 청사에서 급사 일을 맡았던 고아 출신으로 임시정부로부터 한국 국적을 부여받은 중국 청년이다(金在勝, 앞의 초고).

갔다. 하지만 훈련할 장소나 시설, 경비가 턱없이 부족했다. 이에, 1939년 12월경 나월환이 30여 명의 대원을 이끌고 시안에 왔다.[2] 나월환은 중국 정부와 군부에, 간사단 내에 한국청년간부훈련반(약칭 한청반)을 두어 한국군 예비장교도 같이 훈련받을 수 있게 해 달라고 거듭 요청했다. 결국, 나월환의 요청이 받아들여져 간사단은 중국군 예비장교뿐 아니라 한국군 예비장교의 훈련도 담당하게 됐다.

한청반 훈련생들은 남의 나라 군사학교에서 더부살이 교육을 받았지만, 중국 훈련생들과 비교해 어떤 차별도 받지 않았다. 교육과정은 물론이고 복장, 식사, 일과가 모두 중국 훈련생들과 동등했다. 하지만 워낙 부족한 예산으로 운영되다 보니 훈련생들에게는 하루에 두 끼만이 제공됐다. 그나마도 한 끼에 만두 한 개, 콩나물국, 무김치 한 토막이 전부였다. 만두 크기도 작아서 훈련생들은 늘 배가 고팠고 영양실조로 쓰러지는 훈련생도 많았다. 하지만 한청반 훈련생들은 한 명도 쓰러지지 않았다. 그만큼 한국 청년들의 구국 의지는 강인했다.

간사단은 아침 6시에 일과를 시작했다. 연병장에 1만여 명의 간사단 훈련생과 한청반 훈련생들이 도열하고 교육장과 부교육장이 연단에 오르면 당직사관이 조회를 진행했다. 이때 한형석은 연단에 올라 중국 국가 제창을 지휘했다. 하지만 한청반이 합류하고

2 1939년 11월 17일 충칭을 출발, 시안으로 옮겨 간 한국청년전지공작대 대원은 30여 명이었다. 하지만 시안에 도착해 간사단에서 군사훈련을 받으면서 본격적인 초모(招募) 활동을 펼친 결과 대원이 200여 명으로 증가했다.

나월환과 독립운동을 함께한 이들은 그를
작달막하고 호리호리한 키의 암팡진 사나이로 기억한다.
나월환은 평등주의적 무정부주의자이자
용감한 용사였으며 열변가였다.

난 뒤로 한형석은 늘 해오던 그 일이 탐탁지 않게 여겨졌다. 연단 위에 서면 간사단 훈련생들이 중국 국가를 힘차게 부를 때 대열의 가장자리에서 고개를 숙이고 있는 한청반 훈련생들의 모습이 한눈에 들어오기 때문이었다. 그럴 때마다 한형석은 나라 잃은 설움을 참느라 입술을 깨물었다. 그 시절 한청반 훈련생들은 휴식시간에 모여 자신들의 애국가를 부르며 눈물을 흘리곤 했다. 그래도 한청반 훈련생들은 용기를 잃지 않았다.

1940년에는 간사단 가을 운동회가 열렸다. 축구 · 농구 · 피구 · 육상 · 씨름 등의 종목에서 대대별 각축전이 펼쳐졌다. 한청반은 짚신을 신은 채로 공을 차고 맨발로 달렸다. 하나로 뭉쳐 필사적으로 뛴 한청반은 종목마다 연전연승했다. 결국, 한청반이 총점의 90%를 따내 종합우승을 차지했다. 그날 밤 한청반 막사는 우승을 기뻐하는 훈련생들의 우렁찬 함성으로 터져나갈 것 같았다.

같은 시간, 간사단은 비상간부회의를 소집했다. 한청반 훈련생들과 축배를 들던 한형석도 회의에 불려갔다. 회의장 분위기는 싸늘했다. 참석자들은 취기가 도는 한형석의 얼굴을 주시했다. 잠시 후 회의장에 들어선 교육장의 얼굴은 성난 사자와 같았다. 뒤이어 들어온 부교육장의 표정도 잔뜩 굳어 있었다. 단상이 내려앉을 듯 발을 구르며 연단에 올라선 교육장이 말했다. “중국 청년들은 늙고 병들었다. 간사단 중국 훈련생은 1만 명, 한청반 훈련생은 불과 200명인데, 500명의 중국 훈련생이 1명의 한국 훈련생을 못 당하는 셈이니 어떻게 항일전의 승리를 바라겠는가!” 교육장이 노발대발하는 사이, 장내의 시선은 일제히 한형석에게 몰렸다. 그의 가슴은 자긍심으로 한껏 부풀어 올랐다.

한국청년전지공작대 입대

간사단에 한청반이 합류하자 한청반 훈련생 사이에 "간사단 교관 중에 한국 청년(한형석)이 한 명 있는데, 그자는 이미 중국인이 돼 있다."라는 이야기가 돌고 있었다.

어느 날 밤 간사단 관사에 있는 한형석 숙소에 군복차림의 한국인 청년 한 명이 찾아왔다. 청년은 문밖에서 거만한 태도로 한형석에게 대뜸 "당신은 한국인이면서 왜 중국인 행세를 하느냐?"라고 쏘아붙였다. 한형석은 웃으면서 청년을 자신의 관사로 이끌었다. 그런데 청년은 관사에 들어서기도 전에 화석처럼 굳어버렸다. 관사 한쪽 침대가 놓인 벽에 걸려 있는 태극기가 시선에 들어왔기 때문이다. 한형석이 관사 안으로 잡아끌자 청년은 "한 동지!"라고 울부짖으며 눈물을 흘렸다. 청년이 본 그 태극기는 한형석이 아버지로부터 받은 명주 태극기였다.

한참 후에야 청년은 자신을 나월환이라고 소개했다. 한형석은 나월환이 중국 중앙군관학교를 졸업하고 중국군 헌병 대위로 근무하다가 한국청년전지공작대를 재조직했다는 사실을 익히 들어 알고 있었다. 그래서 언젠가 꼭 만나봐야겠다고 생각하던 참이었는데, 이렇게 만나니 여간 반가운 것이 아니었다. 한형석과 나월환은 이날 밤이 새도록 술잔을 기울이며 앞으로의 활동 방향을 의논했다.

나월환과의 운명적인 만남이 있은 다음 날, 한형석은 곧바로 한국청년전지공작대에 입대했다. 그때 한국청년전지공작대 대원은 30여 명이었다. 대원 중에는 나월환처럼 중국 중앙군관학교를 졸업한 자가 12명이나 있었으며, 그 밖의 대원들도 대부분 일본, 상하이, 만주 등지에서 유학하고 독립운동에 참여한, 학식 있는 애국 청년들이었다. 한국청년전지공작대를 이끈 간부들은 대장 나월환, 부대장 김동수(金東洙), 군사조장 박기성(朴基成), 정훈조장 이하유(李何有), 공작조장 이재현(李在賢) 등이었으며, 한형석은 간사단 교관으로 있으면서 한국청년전지공작대 예술조장을 맡았다.

한국청년전지공작대 본부는 시안의 중심가인 이부가(二部街)에 있었다. 본부 사무실은 폭격으로 허물어져 한 귀퉁이만 남아 있는 옛 법원 청사에 딸린 낡은 방이었다.[3] 보잘것없는 공간이었지만, 그나마 이곳을 빌릴 수 있었던 것은 서북 전선 총사령관인 후쭝난(胡宗南) 장군의 지원 덕분이었다. 한국청년전지공작대는 '한중 두 민족의 적은 일본제국주의이다. 일본제국주의가 타도되지 않는 한 한중 두 민족의 해방은 가망이 없다.'라며 한중 공동의 적인 일본군에 맞서 싸울 태도를 분명히 밝힌 바 있다.[4] 이로 인해 후쭝

---

3 공작대가 사무실에 안착한 지 며칠이 지나지 않아 적기의 공습을 받았다. 그때 한형석의 유일한 고향 동지였던 최동균(崔東均)이 크게 다쳤다. 최동균은 중국에서 최일성(崔一成)이라는 가명으로 활동했으며, 광복군 제2지대 대원으로 한형석이 공연한 연극 〈아리랑〉, 〈한국의 한 용사〉에도 출연했다. 1978년 11월 14일 부산에서 작고하였다. 1977년 건국포장이 수여되었고, 1990년 건국훈장 애국장도 추서되었다.

4 한국청년전지공작대, 『한국청년』 제1기, 1940년 7월 15일.

난 장군도 한국청년전지공작대에 관심이 많았다. 더군다나 후쫑난 장군은 대장 나월환과 같은 중앙군관학교 출신이었고, 아나키스트들과도 깊은 관계를 맺고 있었던 터라 한국청년전지공작대에 지원을 아끼지 않았다.[5]

한국청년전지공작대 활동에 필요한 최소한의 보급품은 후쫑난 장군의 지원을 받아 확보할 수 있었다. 하지만 문제는 병력 자원이었다. 이에, 30여 명의 대원은 각기 흩어져 동지 규합에 나섰다. 주로 화북 지역의 적진 후방 깊숙이 파고들어 한국 청년들을 모아 시안으로 데려오기 시작했다. 일본군 통역관으로 일하던 한국 청년들을 포섭해 일본군의 군사기밀을 캐내고, 이를 중국 중앙군에 제공하기도 했다. 당시 일본군은 중국 일부를 점령했으나 대륙 전체를 장악하지는 못했다. 이런 까닭에 대원들의 적 후방 공작이 가능했다. 이러한 활동을 통해 공작대에 합류하는 한국 청년들은 꾸준히 증가했다.

대원 수가 증가할수록 보급품은 더욱 부족할 수밖에 없었다. 한창때의 청년들로서는 배고픔이 가장 큰 고통이었다. 어느 날인가, 한형석이 본부에서 잠을 자고 있을 때였다. 새벽녘에 동지가 그를 급히 깨우더니 뒤뜰 모퉁이에 있는 창고로 데리고 들어갔다. 그곳에서는 희미한 촛불 아래 30여 명의 대원이 둘러앉아 무엇인가 맛있게 나눠 먹고 있었다. 순간 한형석의 입안에도 군침이 돌았다. 동지 하나가 주먹만 한 덩어리를 입안에 넣어주었다. 얼마 만에

---

5 梁志善, 앞의 논문, 214쪽.

맛보는 고기인지 몰랐다. 다 먹고 나서 보니 개고기였다. 당시 대원들에게 개고기는 거의 유일한 영양식이었다.

2
예술을 무기로 한 항일운동

『신가극삽곡집』 출간

한형석은 1937년 지난에서 아동가극 〈리나〉를 공연해 큰 반향을 일으켰다. 이어 항일가극 〈신중국만세〉도 쓰기 시작해 전체 분량의 70~80% 정도를 완성했다. 하지만 중일전쟁으로 옮겨 온 시안에서는 나머지 분량을 쓰지 못했다. 당시 시안에서는 배우는 물론 피아노나 바이올린과 같은 기본적인 악기의 연주자조차 찾기 어려워 작품을 무대에 올릴 수 없었기 때문이다. 결국, 〈신중국만세〉는 미완의 작품으로 남았다.

그러던 중 중국 연극학회가 한형석에게 연락을 해 왔다. 〈신중국만세〉 삽입곡을 모아 책으로 출간하자고 했다. 중국 연극학회는 공연되지 못해 사장될지 모르는 삽입곡을 공개할 필요가 있다고 판단했다. 처음 한형석은 망설였다. 미완으로 공연되지 못한 작품의 삽입곡을 출간한다는 게 부담됐기 때문이다. 하지만 주위 동료들의 격려와 권유로 용기를 내어 〈신중국만세〉, 〈리나〉에 삽입한 곡들과 틈틈이 써둔 기타 곡들을 모아 1940년 4월에 『신가극삽곡집』을 출간했다.

『신가극삽곡집』에는 항일가극 〈신중국만세〉 삽입곡 〈春天的陽光: 봄 하늘의 밝은 태양〉, 〈農村舞曲: 농촌무곡〉, 〈建設新中國: 건설신중국〉, 〈黎明之歌: 여명의 노래〉, 〈故鄕月: 고향의 달〉, 〈出征進行曲: 출정행진곡〉, 〈小鳥的歌: 작은 새의 노래〉 등 7곡,[6] 아동가극 〈리나〉 삽입곡 〈反攻急進曲: 반공급진곡〉, 〈流浪人之歌: 유랑자의 노래〉 등 2곡, 기타가극 〈送郎出征: 출정 떠나는 님을 보내며〉, 〈報仇雪恨在今天: 오늘에서야 원한을 갚는다〉, 〈戰士歌: 전사의 노래〉, 〈中國婦女抗敵進行曲: 중국부녀항적행진곡〉, 〈黃河邊的月: 황하 강변의 달〉, 〈失去了家鄕的姉妹: 고향을 잃은 자매〉, 〈正義之歌: 정의의 노래〉 등 34곡이 수록됐다.[7] 이 가곡들은 작사 작업에 참여한 이가(李嘉)가 『신가극삽곡집』의 「인쇄 넘기기 전의 잡감(雜感)」이란 글에서 밝혔듯이 모두 한형석이 작곡, 편곡, 화성(和聲), 작사 작업 등에 참여해 만들어진 것들이었다.

---

6 〈신중국만세〉에 삽입된 7개의 가곡들은 모두 영탄조의 예술가곡적 경향이 강하며, 동양적 5음 음계의 사용과 긴 호흡, 깊이 침잠한 감정 등이 슬프면서도 서정적인 정서를 드러낸다(김창욱, 「한형석과 항일음악」, 『먼구름 한형석의 생애와 독립운동』, 부산근대역사관, 2006. 78쪽).

7 한형석, 『신가극삽곡집』, 신중국문화출판사, 1940.

항일가극 〈아리랑〉 공연

한형석은 1940년 5월 21일부터 30일까지 시안 남원문(南院門) 실험극장에서 가극 〈아리랑〉을 초연했다. 가극 〈아리랑〉은 한형석과 한국청년전지공작대가 당시 시안에서 벌어지고 있었던 중국항적후원회(中國抗敵後援會) 활동에 동참하고자 기획했다. 중일전쟁으로 군수물자가 부족해지자 전방 장병들을 위문하고 하복 제작비용을 모금하기 위한 것이었다.[8]

가극 〈아리랑〉은 목동과 시골 처녀가 행복하게 지내던 아리랑산을 일제에게 빼앗기자 이역을 유랑하다 한국혁명군에 입대, 아리랑산을 되찾고자 일제와 치열하게 싸우던 중 장렬한 최후를 맞는 내용이다. 조선의용대(朝鮮義勇隊)가 만든 연극 〈아리랑〉과 이야기 구조가 유사한 면이 있으나[9] 한형석이 만든 가극 〈아리랑〉은 연극 〈아리랑〉과는 차원이 달랐다. 연극 〈아리랑〉이 민요 아리랑을 삽입한 데 비해 한형석은 가극 〈아리랑〉에 직접 작곡·편곡한 곡들을 삽입하고, 오케스트라가 현장에서 이 곡들을 연주하는, 완전히 새로운 형태의 공연을 만들어냈다.

---

8 한국청년전지공작대, 「아리랑 공연에 관하여」, 『한국청년』 제1기, 1940년 7월 15일.

9 1939년 3월 조선의용대(朝鮮義勇隊)가 계림(桂林)에서 상연한 연극 〈아리랑〉은 아리랑 고개를 넘어 고향을 떠나 이역을 유랑하는 조선 민족의 고통스러운 삶을 담고 있다. 이 점에서 가극 〈아리랑〉의 이야기 구조는 1939년 3월 조선의용대(朝鮮義勇隊)가 계림(桂林)에서 상연한 〈아리랑〉이라는 연극과 유사하다(梁志善, 앞의 논문, 222쪽).

한형석은 우리 민요 '아리랑'의 애원조(哀怨調)를
그대로 살린 가극 〈아리랑〉을 창작해
한·중 공동항일의 유대를 강화하는 데 크게
기여하였다.

한형석은 가극 〈아리랑〉을 4막으로 구성했다. 제1막은 목동과 시골 처녀의 사랑을, 제2막은 생리사별(生離死別)의 참상을 그렸다. 제3막은 한국인들이 독립운동 단체를 조직하는 모습을, 마지막 제4막은 일제에 처절하게 짓밟힌 한국의 모습을 그렸다.[10] 가극 〈아리랑〉에는 〈1곡: 서곡〉, 〈2곡: 봄이 왔네(한국민요)〉, 〈3곡: 목동의 노래〉, 〈4곡: 삼천리 한국강산에 깃발을 올리자〉, 〈5곡: 아리랑(한국민요)〉, 〈6곡: 한국행진곡〉, 〈7곡: 고향 생각(한국민요)〉, 〈8곡: 한국행진곡〉 등 8곡을 삽입했다. 이 중 6곡과 8곡은 같은 가곡이므로 실제 연주된 가곡은 7곡이었는데, 모두 한형석이 새롭게 작곡하거나 편곡한 서양음악이었다. 6곡과 8곡인 〈한국행진곡〉은 〈압록강 행진곡〉으로 잘 알려진 곡이고, 제7곡은 〈눈물 젖은 두만강〉과 〈타향살이〉를 편곡한 것이다.[11]

한형석은 가극 〈아리랑〉에서 각본, 작곡, 무대감독, 해설, 악단 총지휘, 바이올린 연주, 남자 주인공 등 1인 7역을 맡았다. 가극 〈아리랑〉의 공연기획은 한국청년전지공작대 나월환 대장, 한형석 예술조장, 박기성 군사조장 등 6명이, 무대 공작은 연출 한형석과 무대감독 전영(田榮) 등 14명이 맡았다. 출연진은 목동 한형석, 시골 처녀 심승형(沈承珩), 목동 아들 전영 등 5명과 한국이민 군중 20명, 한국혁명군 35명 등 60명에 달했다. 가극 〈아리랑〉에 삽입된 가곡은 시안의 유명한 음악가들이 한국과 중국의 악기를 사

---

10 「朝鮮歌聲」, 1944년(陝西省圖書館 所藏).

11 백현주, 「한유한의 가극 〈아리랑〉의 음악적 특징에 관한 고찰 - 작곡가의 필사본을 중심으로」, 한국예술종합학교 석사학위논문, 2012, 45-46쪽.

용해 연주했다. 또 은연(銀聯) · 위생총대(衛生總隊) · 연합 · 청년 등 시안에서 활동 중인 4개 합창단도 참여해 웅장함을 더했다.[12]

가극 〈아리랑〉 공연은 '국경의 밤', '한국의 한 용사', 가극 〈아리랑〉의 순서로 이루어졌다.[13] '국경의 밤'은 엄동설한 폭풍 휘몰아치는 밤, 한중 연합의용군이 압록강 변 일본군의 철조망 방어 진지를 뚫고 들어가 적을 섬멸하고 승리를 거둔다는 내용이다. '한국의 한 용사'는 한국청년전지공작대의 일원인 박동운(朴東雲)이 일본 헌병대 통역원으로 있을 때, 중국 유격대원을 구출하고 헌병대 기밀문서를 탈취한 1940년 1월 3일의 실화를 극화한 것이다.[14] '한국의 한 용사'는 중국인들의 피를 끓게 했으며, 한국인에 대한 인식을 바꿔놓을 정도로 격찬을 받았다.

가극 〈아리랑〉 공연은 당시 시안의 〈서북문화일보〉, 〈서경일보〉, 〈공상일보〉 등 중국 언론으로부터 '긴장감 있는 구성', '짜임새 있는 줄거리', '음악과 배경까지 근래 드문 수작'이라는 호평을 받았다. 또 음악사적으로 완성된 가극 형태를 갖춰 초기 단계에 있던 중국 가극에 큰 영향을 끼쳤다고 평가받았다.[15] 한형석과 한

---

12 한국청년전지공작대, 「〈아리랑〉 공연설명서」, 『한국청년』 제1기, 1940년 7월 15일.

13 한국청년전지공작대, 「〈아리랑〉 공연설명서」, 『한국청년』 제1기, 1940년 7월 15일.

14 박동운은 1942년 3월 1일 나월환을 암살해 중국 중앙군 제34집단군 군사재판에서 사형을 선고받고, 총살형을 당했다.

15 〈아리랑〉은 한국 최초의 오페라였다는 점에서 한국 음악사에서 차지하는 의의가 크다. 한형석의 〈아리랑〉은 우리나라 최초의 오페라로 알려진 현제명의 〈춘향뎐〉(1950년)보다 무려 10년이나 앞서 발표됐다.

국청년전지공작대는 본래 가극 〈아리랑〉 공연을 1주일로 계획했으나 관객들의 호평과 쇄도하는 연장 요구로 3일 더 연장했다. 그리고 공연수익금 중 공연 경비를 제하고 남은 4,102원은 모두 전방 장병들의 하복 제작비로 사용했다.[16]

남원문 실험극장에서의 공연을 계기로 간사단에서도 한국청년전지공작대에 가극 〈아리랑〉 공연을 요청했다. 한형석은 이를 받아들여 1940년 6월 가극 〈아리랑〉을 두 번째로 무대에 올렸다. 공연은 간부훈련단의 청년노동영(青年勞動營)에서 했으며, 간사단 군인들 위문 등을 목적으로 4일간 계속했다.[17] 또 1941년, 1943년, 1944년에도 시안의 전쟁고아 생활비 마련, 삼일절 기념, 중국군 부상병 위로를 목적으로 가극 〈아리랑〉 공연을 계속했다.

---

16 〈西京日報〉 1940년 6월 18일, 「韓國青年戰工隊 贈巨額夏衣代金」; 百潔, 「西安에서 활동 중인 한국의 아들딸들」, 『한국청년』 제3기, 1941년 6월 10일.

17 百潔, 「西安에서 활동 중인 한국의 아들딸들」, 『한국청년』 제3기, 1941년 6월 10일.

3
한국광복군으로의 편입

한국광복군에서의 예술구국운동

1940년 9월 17일, 충칭 임시정부는 산하에 한국광복군을 창설했다. 국제사회가 공인하는 정부군을 창설해 일본군을 타도하고 조국의 독립을 쟁취하는 데 목적이 있었다. 광복군 총사령관에는 지청천(池青天, 1888~1957)이, 참모장에는 이범석(李範奭, 1900~1972)이 각각 임명됐다.

이때 한국청년전지공작대장 나월환은 공작대의 군사역량을 광복군에 집중해 혁명 명목을 달성하고자 광복군 편입을 결정했다.[18] 그리하여 한국청년전지공작대도 1941년 1월 1일, 광복군 제5지대에 편입됐다. 이로써 한형석은 광복군 제5지대원이 됐다. 한국청년전지공작대는 공작 활동을 통해 수백 명의 애국청년을 모아 간사단의 한청반에 입교시켜 본격적인 군사훈련을 시키고 있

18 정화암, 『어느 아나키스트의 몸으로 쓴 근세사』, 자유문고, 1992, 217쪽.

광복군 제2지대 이범석 지대장과 대원들.
앞줄 맨 오른쪽이 한형석이고, 세 번째가 이범석이다.

었다. 따라서 한국청년전지공작대를 편입시킨 제5지대는 사실상 광복군의 주력부대였다.

이 무렵 한형석은 부녀회 책임자 피이슈(皮以書)로부터 전쟁고아들을 돕기 위한 모금운동의 일환으로 가극 〈아리랑〉 공연 요청을 받았다.[19] 한형석은 피이슈의 요청을 수용해 1941년 2월 광복군의 신분으로는 처음으로 동대가(東大街) 여명극원(黎明劇院) 이곡사(易俗社)에서 세 번째로 가극 〈아리랑〉을 공연했다. 공연은 음력 1월 10일에 시작되어 17일간 이어졌다.

공연을 통해 모은 의연금은 원래 계획대로 산시부녀위로회(陝西婦女慰勞會)에서 구제한 전쟁고아 100여 명을 지원하는 데 쓰였다. 공연은 전쟁고아에 대한 지원 이상의 의미가 있었다. 전쟁고아들이 일본에 투항해 적군이 되는 것을 사전에 방지하고, 이들을 미래 군사자원으로 배양해 장기 항전에 대비할 수 있었다.[20] 또 한국 독립에 큰 관심이 없었던 시안 사람들을 크게 감화시켜 광복군을 적극적으로 지지하고 지원토록 만들었다.[21]

1942년 2월 9일, 대한민국 임시정부는 정식으로 대일 선전포고를 하고 본격적인 임전 태세에 들어갔다. 이에, 한국광복군 사령부도 그해 4월 1일에 제5지대를 제2지대로 개편하고, 이범석을 광복군 총참모장 겸 제2지대장으로 임명했다. 이범석은 지대장으로 부임한 뒤 지대본부를 시안의 이부가에서 40리쯤 떨어진 종남산(宗

---

19 韓詩俊, 『韓國光復軍研究』, 일조각, 1993, 154쪽.

20 梁志善, 앞의 논문, 231쪽.

21 羅李, 「부대소식」, 『한국청년』 제4기, 1941년 9월 1일.

南山) 밑의 두취(杜曲)로 옮겼다. 대원 수가 증가해 자체 훈련을 하려면 연병장 등의 시설이 필요했기 때문이었다. 이범석은 대원들 훈련을 도맡았다. "우리는 곧 만주를 거쳐 압록강을 건너야 한다. 우리의 조국은 우리의 피로 찾아야 한다."라는 것이 한결같은 그의 훈시였다.

이범석은 손수 태극기를 높이 게양하고 〈국기가(國旗歌)〉를 작사했다. 한형석은 노랫말에 우렁찬 곡을 붙여 전 대원에게 가르쳤다. 매일 아침 대원들의 우렁찬 〈국기가〉[22] 합창이 격전지였던 타태행산(太行山)까지 울려 퍼졌다.[23] 당시 중국 중앙군의 주력부대는 태행산을 거점으로 산악지대에서 치열한 항전을 벌였다. 제2지대 공작대원들도 격전지를 파고들며 맹활약을 펼쳤다. 그만큼 희생자도 많았다. 그중에서도 1943년 7월 27일 타이구(太谷) 군용열차 폭발 거사는 중국 천지를 놀라게 했다. 이는 일제가 산시성의 오대산(五臺山) 토벌 작전을 수행하기 위해 많은 수의 군인과 군수물자를 수송하던 일본군 열차를 폭파한 사건이었다. 이 거사로 일본군 70여 명이 죽거나 다쳤고, 광복군의 피해도 막을 수 있었다. 하지만 공작대의 희생도 컸다. 김문성(金文成),[24] 이해순(李海

---

22 "우리 국기 높이 날리는 곳에/삼천만의 정성 쇠같이 뭉쳐/맹서 하네 굳게 태극기 앞에/빛내리라 길게 배달의 역사."

23 이범석이 가사를 짓고 한형석이 곡을 붙인 군가로 〈승기가(昇旗歌)〉도 전해진다. 이 노래는 『광복군 군가집』 제2집에 수록되어 있다. 〈승기가〉의 가사는 다음과 같다. "조국 강산 멀리 떠난 태극기/우리 피땀 흘려 정성을 바쳐/조국 광복 시켜 원수 몰아내/백두산 산봉에 펄펄 날리자."

24 1939년 10월 한국청년전지공작대 창립 대원으로 일본군 주둔지역 루안(潞安) 등지에서 많은 한국청년을 초모하여 광복군으로 보냈다. 1943년 7월 27일 타

淳),[25] 정윤희(鄭允熙)[26]는 사형당하고, 이서용(李瑞龍),[27] 권혁상(權赫祥), 정태희(鄭泰熙),[28] 정기주(鄭起周)[29] 등은 3~8년 형을 받았다. 또 차영철(車永澈)[30]은 거사에 참여했으나 나이가 어려서 사형은 면하고 징역 15년에 처해졌다.

한편, 가극 〈아리랑〉이 성공하자 한형석에게 주어지는 역할도 크고 무거워졌다. 1942년 11월 산시제이보육원(陝西第二保育院)

이구에서 일본군 군수물자 수송 열차 폭파사건의 중심인물로 활동했으나 일본군 헌병대에 체포되어 처형됐다.

25 1919년 3월 11일 평남 강서 출신. 광복군 제2지대 대원으로 산시성에서 공작 중 체포되어 처형됐다. 1991년에 건국훈장 애국장이 추서됐다.

26 1926년 11월 18일 경북 고령 출신. 제2지대 대원으로 루안(潞安)에 파견되어 공작 중 베이징에서 일본 헌병대에 체포되어 1944년 12월 13일 처형됐다. 1977년에 건국포장, 1990년에 건국훈장 애국장이 추서됐다.

27 1919년 4월 26일 황해도 서흥 출신. 제2지대 대원으로 산시성에 파견되어 화베이 일대에서 공작 중 타이위안(太原)에서 김천성, 정태희와 함께 체포되어 무기징역 형을 받고 복역 중 1945년 3월 25일 순국했다. 1990년 건국훈장 애국장이 추서됐다.

28 1923년 5월 5일 경북 고령 출신. 일본군 경비대 통역 신분을 이용하여 1941년 4월 산시성 타이구에서 광복군 화베이지구 지하공작책 김천성과 접선하고, 루안(潞安)에서 일본군 이동상황 및 한국 청년 초모 공작 활동을 하던 중 1943년 5월 중국인의 밀고로 김천성, 이서룡과 함께 타이위안 소재 일본 헌병대에 체포되었다. 1944년 12월 12일 산시성 주둔 일본군 제3051부대 임시군법회의에서 징역 5년 형을 받아 서대문형무소로 이송되어 복역 중 해방으로 출소했다. 1992년에 건국훈장 애국장이 추서됐다.

29 1910년 8월 6일 평북 철산 출신. 제2지대 대원으로 산시성 일대에서 공작원으로 활동하다가 베이징에서 일본 헌병대에 체포됐다.

30 1920년 11월 28일 경북 울주 출신. 산시성 루안에서 제2지대 공작원 김천성과 접선하고 현지에서 공작 중 허베이성 스자좡(石家莊)에서 일본 헌병대에 체포됐다. 1944년 12월 12일 일본군 제3051부대 임시군법회의에서 15년 형을 받고 서대문형무소로 이감되어 복역 중 해방으로 출소했다. 한형석이 광복회 부산지부장을 맡고 있을 당시 사무국장을 역임하였으며 1990년에 건국훈장 애족장이 수여됐다.

측은 한형석을 아동예술반 주임으로 초빙했다. 한형석은 당시 광복군 제2지대 선전조장이었지만 한중연대를 더욱 굳건히 하기 위해 산시제이보육원 측의 제안을 수락했다.

산시제이보육원은 장제스의 부인 쑹메이링이 전쟁고아를 수용하기 위해 설립한 보육원 중의 하나였다. 중국 중앙군의 지원이 절실한 한국광복군도 한중 간의 협력을 강화하기 위해 한형석이 아동예술반 주임을 맡는 것을 허락하고 적극적으로 지원했다.

아동예술반 주임으로 부임한 한형석은 맨 먼저 아동극장을 창설하고 예술적인 재능이 있는 30여 명을 모아 음악과 연극을 가르쳤다.[31] 또 아동가무극 〈勝利舞曲(鬼舞): 승리무곡(귀무)〉, 가창낭송극 〈下一代: 다음 세대〉, 아동가무극 〈小山羊: 어린 양들〉을 만들어 무대에 올렸다. 이중 전 3막인 〈승리무곡(귀무)〉는 한형석이

31 당시 아동예술반을 지도했던 중국인 교사의 면면을 살펴보면 당시 한형석의 위상을 짐작할 수 있다. 그의 휘하에서 활동했던 예술교사로는 판화가 판리(范里), 도안가 자오춘샹(趙春翔), 바이올리니스트 관주성(關筑聲), 원로무용가 우샤오방(吳曉邦)과 그의 부인 성제(盛捷), 작가 쑹카이사(宋凱沙: 필명 李嘉), 피아니스트 왕하이톈(王海天), 성악가 랑위슈(郎毓秀), 바이올리니스트 류궈루이(劉國瑞) 등이었다. 그중 판리와 쑹카이사는 한형석의 작곡에 가사를 썼으며, 우샤오방은 현대 중국무용에서 독보적인 인물로 알려진 대무용가였다. 왕하이톈은 톈진음악학원에서 피아노를 전공한 신진 피아니스트였다. 이처럼 예술지도 교사들은 시안을 중심으로 한, 중국 서북 지역에서 내로라하는 청년 예술인들이었다. 한편, 1945년 8월 말 광복군 총사령부의 명령에 따라 한형석은 부하 대원 두 명과 함께 지난(濟南) 특파원으로 임명되어 시안을 떠나게 됐다. 이에, 예술반원들은 석별 기념으로 한형석에게 판화집을 증정했다. 판화집은 량원량(梁文亮) 5장, 쓰펑차오(司鳳翹) 3장, 쑨허우천(孫厚琛) 1장, 화밍(華明) 4장, 샹화핑(相華平) 1장, 지룽더(吉榮德) 1장, 루하오(茹皓) 2장, 쑨페이후이(孫非徽) 1장, 지광(吉光) 1장 등 모두 19장의 작품으로 구성되어 있다. 대부분 일본 타도, 전쟁고아들의 참상을 표현했다(金在勝, 앞의 초고).

전시 아동들에게 항일정신을 고취하기 위해 창작했다. 본래 이 가무극의 이름은 원래 〈귀무〉였으나 1944년에 〈승리무곡〉으로 개명됐고, 1945년 9월 초, 한형석이 광복군총사령부의 명을 받아 지난 특파원으로 시안을 떠날 때까지 30여 차례 이상 공연됐다. 〈승리무곡(귀무)〉에는 총 50여 명이 출연했는데, 촌고(村姑) 10명, 농부 10명, 용감한 병사 10명, 호사(護士) 10명, 악마 1명, 국기든 사람 1명, 그리고 피난민 약간이었다. 제1막에 앞서 서곡이 연주됐고, 제2막 후반부에는 '건설신중국(建設新中國)', 제3막에는 간주곡인 가곡 '승리원무곡(勝利圓舞曲)'이 삽입됐다.

한형석은 한국광복군 선전조장으로서의 역할에도 충실했다. 한형석은 1943년 3월 1일에 네 번째로 가극 〈아리랑〉을 공연했다. 공연은 500여 명의 관객들이 운집해 성황을 이루었다. 한형석은 다음 해인 1944년에도 3월 1일부터 5일까지 다섯 번째로 가극 〈아리랑〉을 공연했다. 이 공연은 한국의 3·1운동을 기념하고 중국의 부상병을 위로하려는 목적을 가지고 한국복군 제2지대 선전대가 직접 공연을 주도했다. 공연은 모두 한국무도, 한국민가, 한국복장으로 꾸며졌으며, 시안에서 활동하던 한국과 중국의 유명한 예술가들이 모두 참여해 배우진의 위용이 대단했다. 한형석은 남자주인공인 목동역을 맡았고 공연에 쓰일 음악의 작사와 작곡도 도맡았다. 공연은 매일같이 만원을 이루어 총 관객이 4만여 명에 달했다.[32] 공연이 끝난 후에도 아리랑 노랫소리와 우레와 같은

32 〈華北新聞〉 1944년 3월 1일, 「太阳, 太阳, 太阳-韓國歌劇 "阿里郎"」.

박수 소리가 사방에 울려 퍼졌다.

연합군과의 국내 진공 합동작전과 국내 정진군

한국광복군 총사령부는 1943년 8월, 인도 · 버마 전구(戰區)에 광복군 특수공작대를 파견했다. 제2지대에서는 문응국(文應國),[33] 최상철(崔相哲), 송철(宋哲), 박영진(朴英振),[34] 김상준(金尙俊),[35] 김성호(金成浩), 나동규(羅東奎)[36] 등 7명

33 1921년 6월 10일 황해도 안악 출생. 1940년 전지공작대에 참여하여 간사단 한청반에서 군사훈련을 이수하고 제2지대원으로 활동했다. 이후 주인면(駐印緬) 연락대에 파견되어 영국군과 함께 임팔, 만다레이, 랑군 상륙작전에 참가했다. 1977년 건국포장, 1990년 건국훈장 애국장이 수여됐다.

34 1921년 3월 27일 경북 고령 출생. 한국청년전지공작대에 참여하여 간사단 한청반에서 군사교육을 이수하고 광복군 제2지대 제2구대 제3분대장을 지냈다. 1943년 6월 광복군 지청천 총사령관과 주인도 영국군 동남아 전구 총사령부 대표 매켄지(Mackenzie) 정보참모 사이에 한영상호협정이 체결됨에 따라 연합군의 일원으로 인면(印緬) 지구에 출정했다. 1943년 12월 임팔에 주둔하고 있는 영국군 제15군단 사령부에 도착한 광복군 인면공작대는 세 곳으로 분산 배치되었는데, 그는 제201부대에서 활동했다. 해방 후 광복군과 함께 귀국했으나 6 · 25전쟁 때 사망했다. 1993년 건국훈장 애국장이 추서됐다.

35 1916년 12월 10일 경북 금능 출생. 한국청년전지공작대에 참가하여 간사단 한청반에서 군사교육을 이수했다. 1943년 주인면 공작대원으로 선발되어 버마 중부지역 영국군에 파견됐다. 해방 후 귀국하여 광복회 부산지부에서 한형석과 자주 어울렸다. 1977년 건국포장, 1990년 건국훈장 애국장이 수여됐다.

36 1918년 12월 11일 전남 나주 출생. 한국청년전지공작대에 참여하여 중국 제27군 유격구에서 활동 중 1944년 5월 버마지구로 파견됐다. 1945년 1월 광복군에 복귀하여 충칭 임시정부 경무과에 배속되었다가 광복을 맞았다. 1963년 대통령 표창, 1990년 건국훈장 애족장이 수여됐다.

이 특수공작대에 참여했다. 이들은 연합군 부대에서 특수훈련을 받은 후 영국군 중위나 대위로 전선에 배치됐다. 이들의 임무는 대적 선무공작, 정보 수집, 일본군 포로 심문, 일본어 방송을 통한 귀순 공작, 반전사상 고취 등이었다. 광복군이 동남아 전선에서 대적 방송 등을 통해 폭넓은 공동 활동을 펴자 일본군은 광복군의 힘이 그곳까지 확대됐다는 사실에 큰 충격을 받았다.

광복군은 미군과도 밀접한 협조체제를 이루었다. 시안에는 한미합동 훈련반이 설치됐다. 충칭에 있던 미군 특수공작대 일부가 교관단으로 광복군 제2지대 사령부에 주둔했으며, 그때부터 대원들은 미군으로부터 보급도 받았다. 미군복에 군화를 신게 됐으며, 통조림도 처음 맛보았다. 그간 제대로 된 고기를 먹지 못했던 대원들은 미제 통조림을 먹고 배탈을 앓기도 했다. 무엇보다 대원들을 놀라게 한 것은 무선통신기 등 새로운 장비였다.

특수공작대 대원들은 무선통신, 정보, 산악전투, 폭발 · 파괴 기술, 낙하산 등과 같은 특수훈련을 받았다. 이들의 주요 임무가 낙하산을 타고 적진에 침투해 군사기밀을 수집하고, 주요 군사시설을 파괴하는 한편, 국내 항일투사들과 힘을 합쳐 적진을 교란하는 것이었기 때문이다.

날이 갈수록 특수공작대 대원들의 훈련 강도는 세졌다. 하루에도 수십 번씩 종남산 절벽을 오르내렸고, 밤잠을 설쳐가며 산악훈련도 받았다. 하지만 누구 하나 불평하지 않았다. 비록 몸은 고달팠으나 대원들 가슴은 조국 광복을 향한 희망으로 가득 찼다.

각종 특수훈련을 통해 특수공작대 대원들은 두려움을 모르는 결사대로 거듭났다. 1945년 8월 7일, 김구 주석은 지청천 사령관과 임시정부 요인 5~6명을 대동하고 특수공작대를 찾아왔다.[37] 이들이 온 목적은 조국에 파견할 특공대의 전력을 최종 점검하고 대원들을 격려하기 위함이었다. 며칠 동안 특공대의 훈련 광경을 시찰한 임정 요인들은 "조국 광복이 눈앞에 다가왔다."라며 대원들을 격려했다.

그날 오후 김구를 위시한 임시정부 대표들은 미국 정부를 대표한 도노반(William J. Donovan) 장군과 전략회의도 열었다. 한국 측에서는 김구 주석, 지청천 총사령관, 이범석 제2지대장, 엄항섭 임정 선전부장이, 미국 측에서는 도노반 장군, 홀리웰(Paul Holliwell) 중령, 사전트(Clyde B. Sargent) 소령이 회의에 참석했다. 홀리웰 중령은 쿤밍(昆明) 주재 OSS(미군전략정보처) 중국지구 책임자로, 사전트 소령은 시안 파견 OSS 특수훈련 책임자였다. 기록 담당으로 한국 측에서는 김준엽 대위가, 미국 측에서는 도노반 장군의 전속 부관이 참석했다.[38]

임시정부는 8월 11일 국무회의를 열어 국내에 진입할 정진군(挺進軍) 파견에 대한 동의를 얻고 이범석을 광복군의 정진군 총사령관에 임명했다. 이에, 특수공작대는 정진군으로 개편됐다. 임시정부는 8월 13일 정진군 선발대를 구성하고 8월 15일에는 한반도를

37 일행은 당시 미군 특공대 사령관이던 도노반(William J. Donovan)과 함께 미군 헬리콥터로 이동했다. 당시 충칭에서 시안까지 김구 주석을 수행한 이들은 임시정부 선전부장 엄항섭, 학병 출신으로 충칭 광복군 총사령부에 근무했던 윤경빈이었다.

38 김준엽, 『長征, 나의 광복군 시절』, 나남출판, 2003, 225쪽 참조.

광복군 제2지대 선전대장 시절의 한형석(1945. 6. 15.)

향해 출발했다. 하지만 일본군의 저항을 우려한 미군의 명령에 따라 국내 진입을 하지 못한 채 귀환하고 말았다.

8월 15일, 김구는 산시성 주석이 베푼 만찬에 참석했다. 한형석도 그 자리에 참석해 직접 창작하고 주연을 맡은 〈동포는 우리를 기다린다〉라는 제목의 촌극(寸劇)을 공연했다. 김구를 비롯한 임시정부 요인들은 한형석이 선보인 단막극을 극찬했다. 그런데 만찬 분위기가 한창 무르익을 무렵, 산시성 주석의 부관이 주석에게 달려와 충칭으로부터 급한 전화가 왔다고 전했다. 통화 뒤 만찬장에 들어선 주석은 상기된 표정으로 발을 쾅쾅 구르며 소리쳤다.

"일본군이 항복했다. 다 함께 축배를 들자!"

임시정부 요인을 비롯해 만찬장에 모인 사람들은 너무 놀라 입을 다물지 못했다. 잠깐의 침묵이 이어진 뒤 중국인들이 서로 얼싸안고 춤을 추며 술을 들이켜기 시작했다. 하지만 임시정부 요인들은 마냥 기뻐할 수 없었다. 일본군의 항복이 어떤 결과를 가져올지 쉽게 판단이 서지 않았기 때문이었다. 그날의 연회는 어수선한 채로 마무리됐다.

임시정부 요인들은 조용히 일어나 대기 중이던 세 대의 차에 나누어 타고 부대 사령부로 향했다. 한형석도 이범석의 지프차를 타고 부대로 돌아갔다. 부대까지 가는 내내 침묵이 이어졌다. 이튿날, 임시정부 요인들은 충칭으로 돌아가고자 했으나, 이들이 타고 왔던 미군 비행기가 없어 난감했다. 일행은 가까스로 일반 항공편을 이용해 충칭으로 돌아갔다.

김구는 충칭에 도착하자마자 정진군 사령관인 이범석에게 "즉시 서울로 진주해서 조선총독 아베 노부유키(阿部信行)로부터 무조건 항복을 받아내고, 국내 일본군사령부를 접수하라."라는 특명을 내렸다. 8월 17일, 이범석은 장준하(張俊河, 1918~1975), 김준엽(金俊燁, 1920~2011), 노능서(魯能瑞, 1923~2014)[39]를 이끌고 서울 여의도 공항에 도착, 일본군 사령부에 진주할 뜻을 통고했다. 하지만 일본군 측에서는 상부의 지시가 없다는 구실로 진주를 완강히 거부하더니 전차까지 동원해 24시간 내에 퇴거할 것을 강요했다. 일행은 결국 8월 19일 오후, 여의도에서 이륙할 수밖에 없었다.

39 1923년 9월 1일 평남 용강 출신. 학병으로 서주를 탈출하여 충칭 임시정부를 거쳐 광복군 제2지대에 합류, OSS 특수훈련을 이수했다. 1963년 대통령 표창, 1990년 건국훈장 애족장이 수여됐다. 1950년부터 대한해운공사에서 과장으로 오랫동안 근무했고, 장준하, 김준엽과 함께 기관단총을 메고 찍은 사진으로 잘 알려져 있다.

4장

광복과 귀국, 그리고 문화예술 교육의 실천

1

30년 만에 밟은 조국 땅

귀국선에 몸을 싣다

1945년 8월 15일, 일본의 항복으로 우리 민족은 광복을 맞았다. 광복군은 한형석을 지난특파원 주임으로 임명, 새로운 임무를 부여했다. 중국에 흩어져 있는 우리 동포들을 모으는 동시에 일본에 끌려갔던 한국 국적의 군인들을 찾아 조국으로 보내는 일이었다.

한형석은 8월 말경 대원 두 명을 데리고 지난을 향해 떠났다. 시안에서의 이별은 평생 한형석의 마음을 아프게 했다. 예술인들과의 이별도 슬펐지만, 그에게는 전쟁고아들과의 이별이 더 힘들었다. 세 사람은 2주일 만에야 지난에 도착할 수 있었다. 전쟁으로 간신히 발을 붙이고 있었던 팔로군(八路軍)이 중앙군의 진출을 막기 위해 군데군데 교통망을 파괴해 놓은 탓이었다.

예전 10년 만에 다시 본 상하이가 그랬듯이 지난도 더이상 8년 전의 그 지난이 아니었다. 외양도 전란으로 많이 변했지만 풍물과 사람도 많이 변해 있었다. 동포들을 찾았으나 거의 다 돌아가고 없었다. 한형석은 그곳에 근거를 두고 각처를 돌아다니면서 가까스로 몇십 명의 동포를 모아 칭다오(靑島)로 보낸 뒤 뒤따라갔다. 중국 각지에서 귀국선을 기다리는 많은 동포가 칭다오로 모여들었다. 자연히 고국에 관한 소식도 풍성했다. 하지만 들려오는 소식은 그리 희망적이지 않았다.

한형석보다 먼저 귀국했던 이재현(李在賢)은 군정청에서 중국 동포 귀국 수송을 책임지고 있었다. 그는 한형석과 〈광복군 제2지대가〉, 〈여명의 노래〉 등을 함께 작업한 동지였다. 이재현은 한형석에게 서둘러 귀국할 것을 권했지만, 한형석은 왠지 마음이 동하지 않았다. 국내 사정을 지켜본 뒤 천천히 귀국하기로 결심한 한형석은 당장 생계를 해결하기 위해 산둥대학(山東大學) 훈도처(訓導處)에 취직했다.

그런데 1948년 9월 어느 날, 이재현으로부터 급한 연락이 왔다. 마지막 귀국선이니 이번에 반드시 승선하라는 것이었다. '마지막 귀국선'이라는 말이 한형석의 마음을 움직였다. 그는 뭉클 솟아오르는 고향 생각에 귀국을 결심했다.

며칠 뒤 이재현이 만주지방의 동포들을 태우고 칭다오에 도착했다. 한형석은 마지막 귀국선에 몸을 실었다. 30년 만에 조국의 땅을 밟고 가족들을 만날 생각에 가슴이 부풀어 올랐다.

부산으로의 낙향

1948년 9월, 인천항에 내린 한형석은 월미도 수용소에서 1주일간 머물렀다. 방역 등을 위해 중국에서 온 귀환 동포는 누구나 수용소에서 일정 기간 머물러야만 했다. 한형석은 수용소에서 맞은 첫날 밤을 뜬눈으로 지새웠다. 이튿날, 검역을 받으려는 한형석에게 특별면회 신청이 들어왔다.

설레는 마음으로 소장실 문을 열고 들어서자 그곳에는 이범석의 부인 김마리아 여사와 비서가 기다리고 있었다. 여사는 중국에서처럼 한형석을 덥석 안으며 눈물로 반겼다. 이어 그의 귀국 소식을 전해 들은 이범석이 자신들을 보내 집으로 데려오도록 했다는 말을 전했다. 당시 이범석은 국무총리 겸 국방부 장관과 적산관리청장 등의 요직을 맡고 있었다.

이범석은 한형석을 보자마자 두 손을 굳게 잡으면서 "짐승보다 못한 친구야!" 하고는 어깨를 아프도록 내리쳤다. 한형석은 이범석의 말에 담긴 깊은 뜻을 읽었다. 이범석은 "내가 너를 얼마나 사랑하고 아꼈는데, 해방된 지 3년이 지나도록 내게 아무런 소식도 전하지 않았느냐!"라는 말을 하고 싶었던 것이다. 순간, 한형석의 가슴에는 변함없는 이범석의 사랑과 정이 고스란히 전해졌다.

한형석이 이범석의 집에 머무는 동안 이범석은 매일같이 한형석을 불러 앞으로 무엇을 할 것인지 물었다. 한형석이 선뜻 답을 못하자 이범석은 예술 분야의 요직을 권하며, 그가 원한다면 힘써줄 의향이 있음을 넌지시 내비쳤다. 한형석은 이범석의 호의를 감사하게 여길 뿐 받아들일 생각이 없었다. 이국에서 싸웠던 이유는 단 하나, 조국을 되찾기 위함이었지 개인의 영달에 있지 않았기 때문이었다. 더구나 자신은 일곱 살에 이 땅을 떠나 30년간 중국에서 생활했기 때문에 언어와 생활습성까지 이국인의 성향이 몸에 배어 있었다.

서른여덟의 나이에, 역설적이게도 낯선 조국 땅에서 자신이 할 수 있는 일이 무엇일까, 한형석은 생각에 생각을 거듭했다. 그렇게 한 달이 지난 어느 날, 한형석은 결심이 서자 이범석에게 자신의 뜻을 밝혔다.

"고향으로 내려가겠습니다. 조국 속에서 다시 조국을 배운 뒤 제 분수를 좇아 살아가겠습니다."

이범석은 몹시 섭섭한 표정을 지으며 다시 한번 생각해볼 것을 권했다. 하지만 한형석은 뜻을 굽히지 않았다. 이튿날로 바로 짐을 꾸려 고향 부산으로 향했다. 이범석은 아쉬움을 감추지 않으면서도 떠나는 그를 격려했다.

20년 만에 고향 집 문을 열고 들어서는 차남을, 아버지와 어머니는 뜨거운 눈물로 맞았다. 한형석은 그제야 조국과 혈육의 따스한 체온을 실감했다. 아버지와 어머니는 중국 산시성 타이위안에서 광복을 맞았고, 이듬해 5월 귀국해 고향으로 돌아왔다. 그 뒤 한흥교는 사위가 경영하는 동래 대동병원 일을 봐주다가 마산도립병원장을 지냈다. 형석이 돌아왔을 때는 한(韓)내과병원을 운영하고 있었다.

고향에 돌아온 한형석은 모처럼 평온한 시간을 보냈다. 그렇게

1년여가 흐른 1950년 4월 28일, 강호전(姜好田)과 백년가약을 맺었다.

2
고향에서의 예술과 교육

부산문화극장

개관

1950년, 어느 날 이범석은 한형석에게 일제강점기 영화관으로 쓰였던 보래관(寶來館)을 국립 부산문화극장으로 만들어보라고 권유했다. 한형석은 이전에도 이범석으로부터 문화예술계 요직을 수차례 권유받았으나 그때마다 마다해왔다. 하지만 이번 제안은 고향에 문화예술 발전의 전당을 만들 수 있는 절호의 기회라고 생각했다. 또 이 일이 자신이 가장 좋아하고 잘할 수 있다고도 생각했다. 한형석은 오랜만에 가슴이 뛰는 것을 느꼈다. 그리하여 이번에는 이범석의 권유를 받아들였다.

하지만 정부가 추진한 보래관의 국립극장화는 예산이 부족해 진척이 더뎠다. 설상가상으로 정부가 추진하던 국립극장안이 1950년 4월 국회에서 부결되면서 공사는 아예 중단되고 말았다. 한형석은 너무 안타까웠다. 도저히 이대로 손 놓고 있을 수만은 없었다. 이에, 한형석은 사재를 털어 넣는 것도 모자라 빚 수백만

원까지 내가며 개관 준비에 박차를 가했다.[1] 극장 규모가 원래 컸던 데다 사재를 들여 내부시설을 새로 갖춰 놓으니 그 시절 견줄 만한 극장 시설을 찾기 어려울 정도였다.[2]

한형석은 1950년 6월 18일 마침내 부산문화극장을 개관했다. 개관식은 국립창극단의 공연까지 더한 한형석의 연출 덕분에 더없이 화려했다. 개관 기념공연으로 선보인 연극 '황진이와 지족선사'는 연일 성황을 이뤘다. 모처럼 예술혼을 표출할 기회를 가졌던 한형석의 가슴도 벅차올랐다. 극장장 한형석의 열성에 의해 부산문화극장이 가진 위상은 참으로 대단했다.

> 이 문화극장이야말로 추잡한 국제도시 부산에 탄생한 하나의 소중한 문화의 전당이었다. 청결하고 정돈된 장내, 질서 있고 친절한 '사-뷔스(서비스)', 좋은 '푸로(프로그램)' 등은 출입하는 시민들에게 좋은 분위기와 위안을 주었다. 불결하고 정원초과로 혼잡한 모리극장(謀利劇場)과는 판이한 사회시설이었다.[3]

하지만 부산국립극장이 개관한 지 일주일 만에 6·25전쟁이 터지고 말았다. 극장은 곧바로 미군 전용 공간이 돼버렸고,[4] 한형석

---

1 장로석, 「문화극장론-복구에의 제언」, 『극장문화』 제2호, 1954, 8쪽.

2 한형석, 「광복 30년 회상의 사진 한 장-문화극장장 시절」, 〈부산일보〉 1975년 8월 28일.

3 장로석, 「문화극장론-복구에의 제언」, 『극장문화』 제2호, 1954, 8쪽.

4 설상가상으로 1953년 4월 20일에는 미군 관리장교의 실화(失火)로 극장 내부 시설이 완전히 불탔다. 그 뒤 문화극장은 경남도에 반환됐다가 1954년 6월까

도 단순한 극장 관리인 신세가 됐다. 그는 크게 상심했다. 조국에 들어와 처음 찾은 꿈이 좌절됐기 때문만은 아니었다. '어떻게 되찾은 조국인데, 분단의 슬픔도 잊은 채 동족끼리 피를 흘리다니….' 조국 독립에 청춘을 바쳤던 한형석은 조국으로 돌아온 것이 후회됐다. 하지만 후회도 잠시, 한형석은 곧 마음을 다잡았다. 좌절하거나 분노하는 것만으로는 아무것도 해결할 수 없다는 심정으로 현실을 직시하기로 했다. 다시 용기를 낸 한형석은 '전시에 내가 할 수 있는 일이 뭘까' 고심하기 시작했다.

영화 〈낙동강〉 제작 참여

한형석, 김재문, 우신출(禹新出, 1911~1992), 이은상(李殷相, 1903~1982), 윤이상(尹伊桑, 1917~1995), 금수현(金水賢, 1919~1992) 등이 회원으로 활동했던 부산지역 향토문화연구회는 1951년에 경상남도 공보과의 후원을 받아 영화 〈낙동강〉을 제작했다.[5]

지 부산우편국 국제우편과로 이용됐다. 당시 부산지역 언론을 중심으로 문화극장을 부산체신청이 사용하는 것에 반대하는 여론이 일어나고, 극장문화협의회 문총(文總) 부산지부 등에서도 '수백만 부산 시민의 최대 유일한 문화전당인 문화극장을 극장으로 재건해야 한다'는 성명서를 발표하는 등 문화극장 재건을 둘러싸고 지역 문화계가 큰 관심을 나타냈다. 부산문화극장은 그 후 개인에게 불하돼 주로 외화를 상영하는 극장으로 명맥을 유지하다 1973년 8월 27일 자로 폐관됐다(이상헌, 「해방 후의 예술 활동」, 『먼구름 한형석의 생애와 독립운동』, 부산근대역사관, 2006, 92쪽).

5 이상헌, 앞의 글, 92쪽.

〈낙동강〉은 시조 시인 이은상의 원작을 감독 전창근(全昌根, 1908~1973)이 각본 · 연출 · 편집한 50분 분량의 16mm 흑백 세미 다큐멘터리 영화로, 김석호와 최칠복이 촬영과 녹음 스태프로 참여하고 최지애, 이택균, 변기종 등이 배우로 출연했다. 한형석은 서양화가 우신출과 함께 〈낙동강〉의 기획과 진행을 맡았고 한형석의 처이모부이자 사진작가인 김재문은 제작을 담당했다. 〈낙동강〉은 1951년 8월에 촬영에 들어가 3개월여 만에 제작을 마치고 1952년 2월 23일 부민관에서 개봉됐다.[6]

〈낙동강〉은 낙동강 강변의 어느 자그마한 농촌에서 대학을 졸업하고 고향에 돌아온 청년이 고향의 애인인 여교사와 협력해 무지한 마을 사람들을 일깨우며, 살기 좋은 고장을 만들기 위해 열성을 다한다는 계몽적인 내용이다. 그런데 이 영화는 내용보다 삽입곡 〈낙동강〉으로 더 유명했다.

보아라 신라 가야 빛나는 역사
흐른 듯 담겨 있는 기나긴 강물
잊지 마라 예서 자란 사나이들아
이 강물 내 혈관에 피가 된 줄을
오! 낙동강 오! 낙동강
끊임없이 흐르는
전통의 낙동강

6 홍영철, 『부산영화 100년』, 한국영화자료연구원, 2001, 76쪽.

이은상이 작사하고 윤이상이 작곡한 〈낙동강〉은 당시 "이 노래를 모르면 경남도민이 아니다.", "도민증은 없더라도 이 노래만 알면 경남도민이다", "낙동강 노래를 부르지 못하면 기생들에게 손님 대접도 못 받는다."라는 이야기가 회자 될 정도로 큰 인기를 끌었다.[7]

한편, 한형석은 전창근 감독의 영화 〈아아, 백범김구선생(白凡金九先生)〉에도 감제(監製)[8]를 맡았다. 이 영화는 독립운동가 김구 선생의 파란만장한 삶을 담은 것으로 1960년 12월 31일에 개봉했다. 성동호와 최금동이 제작과 각본을 맡았으며, 배우로 전창근, 조미령, 황정순, 황해, 윤일봉 등이 출연했다.

자유아동극장 창립과 색동야학원 운영

6·25전쟁 발발로 부산문화극장에 품었던 꿈이 무산되자 한형석은 전쟁 중에 자신이 해야 할 일을 찾는 데 몰두했다. 그런 한형석의 눈에 부모를 잃고 비참한 삶을 꾸려가는 고아들이 들어왔다. 한형석은 전쟁으로 내팽개쳐진 어린이에게 꿈을 심어주기로 결심했다.[9]

---

7 〈부산일보〉 1985년 12월 19일.

8 한형석이 맡은 감제(監製)가 어떤 역할을 했는지 정확하지는 않지만 감독이 아닌 영화 내용을 감수하는 자리인 것으로 여겨진다.

9 '아동극장'이라는 개념조차 없던 시절, 한형석이 전쟁고아들을 위한 문화예술 교육에 뛰어들 수 있었던 것은 중국에서의 항일운동 경험이 있었기 때문이다.

자유아동극장 창립 취지서

처참한 전화로서 급증하는 최대의 사회문제로 국가 · 민족의 장래에 암영을 던지는 걸식아동, 부랑아동, 반직업아동(구두 닦는 아동, 신문 판매하는 아동, 아동 소행상 등), 고아원 아동과 일반 실학(失學) 아동의 교도를 위하야 본 극장은 '극장교실'로 무료 공개하여 세인이 유기한 다음 세대 주인공의 정신적 주식물-지식과 오락-을 제공할 것이며, 암담한 거리에서 방황하는 천사에게 활기 있는 광명의 앞길을 선도하며, 이 민족의 병든 새싹에게 '비타민'이 되기를 자기(自期)하고 분투하려 한다.

제네바 선언(1924년), 미국의 아동헌장(1930년), 중화민국의 아동복지강령(1946년), 일본 아동헌장(1951년)들이 나라마다 제정 공포되고 있다. 실로 20세기는 아동의 세기라고 하여도 과언이 아닐 것이다. 특히, 전재(戰災)아동, 부랑아동의 복리와 생활을 위해서

한형석은 1934년 지난 소재 산둥성립여자사범부속소학교 교사로 근무하던 시절, 중국 최초의 아동극장을 기획 설계한 바 있다. 나라를 잃은 폴란드 노음악가의 이야기를 담은 그의 첫 종합예술작품인 〈리나〉도 그 아동극장에서 발표했다. 광복군 제2지대 예술부장으로 활동하던 1942년, 한중협력 공동항전의 일환으로 장제스 총통의 부인 쑹메이링 여사가 운영하던 전시아동보육원 산시 제2보육원 부설 아동예술반 책임자도 겸했다. 시안아동극장을 만들고, 〈어린 양들〉, 〈집 없는 아이〉, 〈승리무곡〉 같은 아동 가무곡을 창작한 것도 그때였다. 또 보육원 아동들 중에서 재능이 있는 아이에게 음악, 미술, 문학, 무용 등을 가르치기도 했다. 이런 경험들은 고국에 돌아와서도 아동극장과 야학을 만들 수 있는 배경이 되었다(이상헌, 앞의 글, 96쪽).

도 이미 세계 각국이 최대 최선의 노력을 거기에 경주하고 있는 이 때에 유독 우리의 전재, 부랑아동들만은 그 혜택에 참여하지 못하고 있다. 전통은 이미 낡았고 새것은 아직도 내 것이 되지 못한 이 과도기의 전재부랑아동을 위해서 우리는 일시반초(一時半秒)를 다투어 적절한 대책을 갖지 않을 수 없다.

백 권의 독서보담 더 민속(敏速)한 효과를 거둘 수 있는 교육영화를 비롯하여 환등, 음악, 아동극, 무용, 인형극 등으로 아동의 지식계몽과 정서육성에 이 아동극장은 그 발휘할 기능의 범위는 광대하다.

이러한 일은 원칙적으로 국가 자체가 설립 운영할 것이나 막연히 그날을 기다릴 수 없어 미력이나마 합하고 기우려서 우선 뜻을 같이하는 몇몇 동지의 협력 결속으로 이 시급하고도 다난한 사업에 첫 길을 들어가려고 한다.

다음 세대에 기여하는 구체적이고 실제적인 전초병이 되려고 하는 이 취지에 사회 제현의 뜨거운 성원과 지지를 간구하여 마지않는 바이다.

하지만 현실은 빠듯하기만 했다. 당장 자유아동극장을 세울 부지부터 마련해야 했으나 매입비가 턱없이 부족했다. 이런 사정을 알고 주위에서 도움의 손길을 보냈으나 부산문화극장 개관 때처럼 이번에도 한형석은 사재를 털고 빚을 내지 않을 수 없었다.[10]

---

10 자유아동극장을 세울 부지 매입비가 모자라자 아내는 고가로 거래되던 백색

가까스로 서구 부민동 변전소 옆에 부지를 매입한 뒤에도 공사비가 모자라 한형석은 뜻이 맞는 사람들과 힘을 합쳐 설계부터 시공까지 공사 전반을 직접 진행했다.

한형석은 이렇게 힘겨운 과정 끝에 굳은 결심의 열매를 거뒀다, 1953년 8월 15일, 부산자유아동극장이 드디어 문을 연 것이다. 자유아동극장은 비록 판자를 얼기설기 붙여 만든 볼품없는 건물이었지만, 전쟁으로 상처 입은 어린이와 청소년을 보듬으려는 한형석의 마음이 깊숙이 배인 공간이었다.

한형석은 자유아동극장에서 명작동화를 각색한 영화와 아동극, 인형극, 그림연극 등을 공연했다. 하루에 3회 공연했지만, 공연이 없을 때에도 극장 주변에는 어린이들이 늘 모여들었다.[11] 1954년도의 경우 한 해 146일, 268회 공연에 5만 5천여 명의 관객이 찾았다. 그 가운데 어린이가 5만여 명을 차지했으니 자유아동극장은 명실상부한 '아동극장'이었던 셈이다.[12]

자유아동극장의 프로그램으로는 한형석이 제작에 참여했던 세미다큐멘터리 〈낙동강〉을 비롯해 〈음악가 토스카니〉, 〈태니스의 골작〉, 〈금문교 공사〉, 〈어린이 교향악〉, 〈애스키모족의 생활〉, 〈만인의 왕국〉, 〈신문의 자유〉, 〈푸른 언덕의 나라〉 등 미공보원이 제공한 영화가 주를 이뤘다. 〈유관순전〉, 〈안창남 비행사〉 등 한국영

전화기 한 대를 건넸고, 친구들은 현금을 후원했다. 이덕산, 이재현, 김상을 등 광복군 동지들과 친척들도 힘을 보탰고, 영국아동구호재단도 자금 지원을 했다.

11 한형석, 「나의 인생 나의 보람」.

12 한형석, 「아동문화원 제87년차 사업보고서」, 1955년 8월.

화예술협회에서 제공한 영화도 상영했다.[13] 또 정영태의 〈별은 내 가슴에〉, 유치진의 〈까치의 죽음〉, 김봉한의 〈다시 찾아가는 길〉, 이봉애의 〈호랑이와 복동이〉 같은 아동극도 심심찮게 선보였다. 자유아동극장에서 인형극을 담당했던 김태성이 만든 〈박첨지의 행복〉, 〈노래하는 인형〉, 〈늑대와 염소〉, 〈침략자〉 등의 인형극과 〈바보이반〉, 〈요술반지〉, 〈푸른 등불 푸른 새〉, 〈불의 비극〉, 〈새출발〉, 〈삼년고개〉, 〈유관순〉, 〈흥부와 놀부〉 같은 그림연극도 아이들의 눈과 귀를 사로잡았다.[14] 이러한 자유아동극장의 공연물들은 이후 아동극 성행의 효시가 됐다.[15]

한형석은 자유아동극장에서 일명 '죽순제(竹筍祭)'라 부르는 자리를 마련했다. '죽순제(竹筍祭)'는 당시 자유아동극장 옆에 살던 강명순(姜明順) 여사가 죽순이 돋아날 때면 술을 빚고 죽순나물을 준비해 대접했기 때문에 붙여진 이름이었다. 이때면 한형석은 이주홍(李周洪), 홍두표(洪斗杓), 김학성(金學成), 설령(薛嶺) 등 재부 문화인들을 초대해 향토문화 발전에 대해 이야기를 나누고는 했다.[16]

한편, 한형석은 1954년 4월 8일부터 버림받은 전쟁고아와 무취학 아동에게 국민기본교육을 시행하기 위해 자유아동극장에서 색동야학원을 운영하기 시작했다. 낮에는 아동극장으로, 밤에는 야

---

13 이상헌, 앞의 글, 97쪽.

14 이상헌, 앞의 글, 97쪽.

15 부산직할시사편찬위원회, 『부산시사』 4권, 1991, 406쪽.

16 한형석, 「나의 인생 나의 보람」.

학원으로 활용하는 방식이었다. 색동야학원은 오후 8시부터 10시까지 두 시간가량 운영했다.

야학원에는 남학생 38명, 여학생 56명 등 모두 94명이 다녔는데, 9~17세까지 연령층이 다양했다. 그중에서도 12~14세 아이들이 59명으로 전체의 60% 이상을 차지했다. 야학원 학생 중에는 공장 또는 상점에서 일하거나 신문 판매, 구두닦이를 하는 아이들이 많았고, 특별한 직업이 없는 아이들도 있었다. 초급반은 초등 1 · 2학년 과정, 중급반은 초등 5 · 6학년 과정이었는데, 초급반은 남자 25명, 여자 32명, 중급반은 남자 13명, 여자 24명이었다.

산수 · 과학 · 음악은 이봉애, 국어 · 사생 · 보건은 김봉한, 미술 · 공작 · 지도는 김태성이 맡아 가르쳤다. 부산대학교 학생들이 자원봉사자로 나서 아이들을 가르치기도 했다.[17] 그 결과 21명의 아이들이 색동야학원을 거쳐 야간중학교나 공민학교에 진학했고, 2명은 초등학교에 편입해 학업을 계속했다.

한형석은 자유아동극장과 색동야학원을 운영하며 큰 보람을 느꼈다. 하지만 문제는 열악한 현실이었다. 한형석의 아내는 인형극에 쓰이는 인형, 옷, 소품 등을 직접 만들어야 했다. 전기가 들어오지 않아 카바이드 등을 밝혔고, 수도도 연결되지 않아 한참을 걸어서 물을 길어 와야만 했다. 처음 아동극장 건물을 세웠을 때는 자금이 부족해 지붕도 만들지 못했다. 그 때문에 비가 오면 실내에서도 우산을 쓰고 있어야 할 정도였다. 학생들에게 공책을 나눠

17 이상헌, 앞의 글, 100쪽.

줄 형편도 안 돼 경남도청 학무국 장학관에게 부탁해 못 쓰는 이면지를 얻어와 공책으로 만들기도 했다.

게다가 그 시절 가장 큰 고충이 배고픔이었던 만큼 야학원은 공부보다 허기를 채우려 찾는 아이들이 많았다. 그렇다 보니 쌀 한 가마니로 며칠 견디기가 어려울 정도였다. 당시 한형석의 아내에게 주어진 가장 큰 숙제는 굶주린 부랑자들과 교사로 일하는 부산대학교 학생들의 끼니를 해결하는 것이었다. 수돗물이 없어 어린아이를 등에 업고 직접 산비탈을 내려가 물을 길어 와 밥을 지었다. 그런데도 학생이나 교사들의 식사를 먼저 살피느라 정작 남편과 자신은 끼니를 거르는 때가 많았다.

하지만 시간이 지나도 상황은 좀처럼 나아지지 않았다. 뜻있는 독지가들이 성금을 보내왔으나, 이것만으로는 많은 출연자를 가진 극단을 유지하기가 어려웠다.[18] 결국, 한형석은 2년 만에 자유아동극장과 색동야학원의 문을 닫을 수밖에 없었다. 그렇지만 한형석의 아이들에 대한 애정과 가난하고 헐벗은 이웃들에 대한 사랑의 문은 그대로 열려 있었다.

---

18 한형석, 「나의 인생 나의 보람」.

한국 가면극의 새로운 시도

한형석은 민속예술에도 관심이 많았다. 그리하여 부산민속예술보존협회의 일에도 관여했다.[19]

한형석이 부산민속예술보존협회와 인연을 맺은 것은 1967년 부산대 교수 13명과 함께 자문위원으로 참여하면서부터였다. 그 해 3월 4일, 외국 국가원수로는 처음으로 서독 하인리히 뤼브케(Heinrich Lübke) 대통령이 부산을 방문할 예정이었다. 우리 정부와 부산시는 우방국 국빈 방문에 맞춰 대규모 환영 행사를 기획했다. 한국의 전통문화를 선보인다는 취지로 길놀이가 환영 행사 프로그램에 포함됐다. 길놀이를 주관할 단체로는 부산민속예술보존협회가 선정됐다. 부산민족예술보존협회는 행사를 기획할 전문가를 찾았다. 이때 주목받은 이가 한형석이었다. 한형석은 광복 전 중국에서 여러 문화예술 행사를 치러본 경험이 풍부했기 때문이었다. 이에, 한형석은 서독 뤼브케 대통령이 부산을 방문했을 때 600명을 동원해 환영 길놀이를 성대하게 치러냈다. 부산시는 1972년에 '제1회 부산 시민의 날 행사' 기획도 한형석에게 맡김으로써 민속예술 문화기획자로서의 한형석이 가진 역량을 높이 평가했다.

이처럼 한형석이 민속예술에 관심을 가지게 된 것은 중국에서 체험한 경극(京劇) 때문이었다. 한형석은 부산대학교 교수로 있으

---

19 한형석의 형 한원석은 부산민속예술보존협회 이사 겸 회장으로 초창기 동래들놀음이 무형문화재로 지정되고, 부산민속예술보존협회가 자리를 잡을 때까지 기금을 마련하는 등 궂은일을 기꺼이 떠안았다.

면서 중국 경극을 본격적으로 연구하고 연구논문도 꾸준히 발표했다.[20] 그 결과 한형석은 관련 학계로부터 경극 연사와 극작술에 조예가 깊은 경극 연구의 대가로 평가받았다.[21]

한형석이 1969년 1월에 발표한 「한국 가면극의 새로운 시도」라는 논문은 경극 연구를 바탕으로 나온 결과물이었다.[22] 여기에서 한형석은 가면극이 새롭게 방향을 전환하기 위해서는 천편일률적인 내용을 바꿀 필요가 있다고 지적했다. 양반과 파계승에 대한 희롱, 남편과 처첩 간의 삼각관계 등과 같이 정형화된 내용이야말로 가면극이 시대변화에 부응하지 못한 근본적인 이유라고 보았다. 또 동시 등장을 피하고, 의상을 갈아입을 시간만 확보하면, 다른 역으로 얼마든지 등장할 수 있다고 주장했다. 타악기 중심으로 진행돼온 연주 음악도 극의 감정 흐름을 좀 더 풍부하게 표현할 수 있는 관현악 중심으로 전환해야 한다고도 했다. 특히, 가면극 배역의 신분과 성격에 따라 이질적인 창법을 창조하는 것이 고전극을 근대화하는 중요한 작업이라고 역설했다. 예를 들어 춘향은 소프라노, 월매는 알토, 이 도령은 테너, 변 사또는 바리톤의 창법으로 노래하는 방식이었다.[23]

---

20 한형석이 발표한 경극 관련 논문은 다음과 같다. 「현대 중국 고전 경극에 대한 연구」, 「한국고전 대본과 중국 고전 대본 비교(韓國古典唱本與中國古典唱本之比較)-춘향전 동시성을 중심으로(以春香傳董西厢中心)」, 「동시성의 희극성(論董西厢的 戱劇性)」, 「피황희의 기원과 특질(皮簧戱的淵源與特質)」

21 서국영, 「부산의 예술혼-먼구름 한형석」, 〈부산일보〉 2000년 10월 18일.

22 한형석, 「한국가면극의 새로운 시도」, 『탈극 순절도』, 부산민속예술보존협회, 1969.

23 이상헌, 앞의 글, 112쪽.

한형석은 이 이론을 실제 현장에 적용한 대본도 창작했다. 그것이 1969년 초에 출간된 전 여섯 과장의 탈극 〈순절도〉였다. 이 작품은 옛날 탈극의 요소를 다각도에서 현대화한 결과물이며, 논문에서 주장했던 이론을 현실화한 것이기도 했다. 탈극 〈순절도〉를 통해 중국 경극에서 출발한 한형석의 연극 연구는 우리나라 탈극으로 발전했으며, 탈극 무대화라는 새로운 방향을 제시했다.[24]

탈극 〈순절도〉가 임진왜란 때 순절한 동래부사 송상현(宋象賢, 1551~1592)의 이야기를 다룬 것도 한형석이 대안으로 제시했던 내용의 다양성을 시도한 것이라고 볼 수 있다. 또 탈극이 가장 쉽게 일인다역을 소화할 수 있는 장르라는 점을, 병졸과 군중을 1인 2역으로 할 경우 20여 명으로 50여 명의 역할을 소화할 수 있다는 사례를 들어 입증하기도 했다.[25]

한형석은 탈극 〈순절도〉에 부산진첨사 정발(鄭撥, 1553~1592)이 부산포에 출몰하는 왜선의 동정을 살피러 왔다가 왜장과 결투하는 첫째 과장을 시작으로, 동래부사 송상현이 왜군에 결연히 맞서다가 장렬히 전사하는 여섯째 과장까지 〈동래부순절도(東萊府殉節圖)〉의 역사적 사실을 충실히 고증해 작품으로 옮겼다. 극 중에는 〈사냥가〉, 〈고성가〉, 〈수심가〉, 〈살신성인가〉, 〈이별가〉, 〈맹서가〉, 〈거배고가〉, 〈출전가〉, 〈진혼곡〉 등 새로 창작한 창(唱)도 포함됐다.[26] 하지만 탈극 〈순절도〉는 무대에 오르지 못했다. 훗날 천

---

24 이상헌, 앞의 글, 112쪽.
25 이상헌, 앞의 글, 112쪽.
26 이상헌, 앞의 글, 112쪽.

재동은 "1983년 부산민속예술보존협회에서 시민위안잔치를 할 때 탈극 〈순절도〉를 공연해 원을 풀려고 했으나 자금이 없어 실행에 옮기지 못했다."라며 "다음에 꼭 공연하자고 했었지만 식언이 돼 항상 미안하게 생각한다."라고 말했다.[27]

나라 위한 순절,
충무공 추모 서예전

한형석의 서체는 단연 독특했다. 중국 청대 양주팔괴(楊州八怪)의 한 명인 정섭(鄭燮, 1693~1765)의 서체와 닮았으나 그보다 더 호방했다. 이범석도 「충무공 추모 서예전」을 소개하는 말에서 한형석의 서체를 '이채롭고 기수(奇秀)한 필법'이라며 극찬했다.[28]

한형석은 통영, 부산, 서울에서 서예전을 세 차례 가졌는데, 모두 충무공 이순신이 남긴 말들 가운데 민족의 좌우명이 될 것만 골라 적은 작품들을 전시했다. 한형석은 두인(頭印)으로 '상유십이(尙有十二)'를 사용할 정도로 충무공의 충절을 흠모했다. '상유십이'란 임진왜란 당시 이순신이 백의종군했다가 다시 지휘봉을 잡게 됐을 때, "아직도 12척의 배가 남아 있고, 하찮은 신하는 죽지

---

27 이상헌, 앞의 글, 112쪽.

28 이범석은 소개의 글에서 "성웅 이충무공의 유문 중에서 특히 우리 민족의 좌우명이 될 글귀를 뽑아 추모 서예전을 연다 하니 그의 고심과 의도도 장하거니와 우리에게 뜻깊은 감명을 줄 것이라고 생각한다."라고 적었다. 또 "그의 이채롭고 기수한 필법은 충분히 이충무공의 비창(悲愴)한 충심을 잘 표현했으리라 믿는다."라고 했다(「먼구름 한형석 충무공 추모 서예전 팸플릿」, 1972).

않았다(尙有十二微臣不死).”라는 장계를 올린 뒤 명량해협에서 대승을 거둔 데에서 유래한 말이다. 또 자신이 결혼식 주례를 선 신랑 신부에게 글씨를 써서 선물로 주기도 했는데, 가장 많이 쓴 내용이 ‘충효가문(忠孝家門)’이었다. 그만큼 글씨에도 애국 충절의 마음을 담은 것이다.[29]

1971년 11월 경상남도 통영에서 가진 첫 전시회에는 ‘대설국욕(大雪國辱)’이라는, 『난중일기』에 담긴 어머니와의 대화 등을 소재로 쓴 글을 선보였다. ‘대설국욕’은 “나라의 욕됨을 크게 씻으라.”라는 구절로, “왜적을 물리치는 나랏일을 더 걱정하라.”라는 충무공 어머니의 당부를 담고 있다. 같은 해 12월에는 부산 중구 광복동에서 광복회 부산경남지부 주최 부산대동문회 후원으로 두 번째 전시회를 가졌다.[30]

1972년 5월에는 서울 국립공보관 제2전시실에서 광복군동지회 주최로 ‘충무공 추모 서예전-이순신 장군 탄신 427주년 기념’을 열었다. 서울 전시회에서는 ‘바다에 맹세하니 어룡이 감동하고 산에 맹세하니 초목이 아는구나(誓海魚龍動 盟山草木知)’, ‘석자 되는 칼로 하늘에 맹세하니 산과 물이 떨고, 한 번 휘둘러 쓸어버리니 피가 강산을 물들인다(三尺誓天 山河動色 一揮掃蕩 血染山河)’와 같은 충무공의 어록이 작품으로 출품됐다. 출품된 작품은 족자 24점과 액자 5점, 병풍 3점, 자작 추모시 2점 등 모두 34점이

29 이상헌, 앞의 글, 114쪽.
30 이상헌, 앞의 글, 114쪽.

었다.[31]

한형석의 나라 사랑 정신은 남송 대 문인 정사초(鄭思肖, 1241~1318)를 떠올리게 한다. 정사초는 나라가 망하자 강호에 은거하면서 '뿌리가 노출된 난초(露根蘭)'를 그렸다. 나라가 망하고 집도 없는 백성들이 삶의 뿌리를 내릴 땅을 잃은 애통한 심정을 암시한 그림이다. 한형석도 '목 잘린 난초(斷頸蘭)'를 그리면서, 일제가 우리 민족을 노예로 삼고 우리 백성들을 마음대로 도살한 과거의 비통한 혈사를 잊지 않기 위해서라고 설명했다.[32]

부산 시내 곳곳에도 한형석의 흔적이 남아 있다. 대동병원 현판, 부산대학병원 1층의 '인자구인(仁者救人)', 부산대학교 캠퍼스 안의 '이문회우(以文會友)', 임시수도기념관의 '사빈당(思邠堂)' 현판 등이 그것이다. 특히, 금강공원 내 동래임진의총 충혼각의 주련에 쓰인 글귀는 부산의 여느 글씨와 비교를 불허할 만큼 수작으로 꼽힌다. 이는 한형석이 임진왜란 당시 순절한 동래의 백성들을 위해 지은 오언절구(五言絶句)이다.

향각총전재(香閣塚前在)	무덤 앞에 향각이 지어졌으니
충혼래격의(忠魂來格依)	충성스런 혼령이 와서 의탁하기에 알맞네
추풍유대비(秋風猶帶悲)	가을바람은 오히려 슬픔을 띠고

31 이상헌, 앞의 글, 114~116쪽.

32 한형석이 직접 정리한 '먼구름 병풍 주해'에는 이 밖에도 그가 쓴 글과 그림에 대한 주석이 달려 있다.

순국성인절(殉國成仁節)	나라 위한 순절은 홍인과 절의를 이루었네

한편, 한형석이 지인들과 자주 어울리던 한 주점(부산포)에는 '그냥 갈 수 없잖아'라는 글귀의 액자가 걸려 있다. 이 글씨는 마치 용이 꿈틀대는 듯해 글씨가 아니라 한 폭의 그림을 보는 듯하다. 박태권 전 부산대 교수의 회갑기념논총에 쓴 '깊은 뿌리 넓은 바다'라는 한글 작품 역시 그만의 독특한 필법을 그대로 보여준다.[33]

상록수합창단과 함께한 노년, 그리고 귀천

한형석은 1955년, 부산대학교 문리대학에서 교편을 잡은 이후 잠시 대만사범대학 국문연구소에서 중국 문학을 연구한 때를 제외하고는 줄곧 부산대학교에 적을 두었다. 1968년부터는 문리과대학 제2외국어과에서 중국어를 가르치다가 1975년 2월에 정년퇴임을 했다. 퇴임한 후에도 1988년까지 부산대학교, 부산여자대학교, 경성대학교에 출강해 후학을 양성했다.

한형석은 1977년 12월, 상록수합창단 2대 단장으로 추대됐다.

33 이상헌, 앞의 글, 116쪽.

상록수합창단 내에서 그는 '아바이' 또는 '대형(大兄)'으로 불렸는데, 양로원 등을 방문해 노래로 또래 노인들을 위무했다.[34]

그가 상록수합창단 활동을 하던 시절에 전해지는 이야기는 한형석이 평생 삼가고자 했던 바가 무엇이었는지 조금이나마 짐작할 수 있게 한다. 한형석과 함께 상록수합창단 활동을 했던 천재동이 2003년 12월에 쓴 회고록에 실린 이야기이다.

부산에서 열린 한국광복군 총회의 식전 행사로 상록수합창단이 한형석 작곡의 〈압록강 행진곡〉을 부르게 되었다. 2부 합창으로 된 곡을 연습하던 합창단원들에게 그가 의미심장한 한마디를 했다.

"실제 광복군들은 이 군가를 2부 합창이 아니라 8부, 9부 합창으로 부릅니다. 굶주리고 피곤한 광복군이 어찌 우리 합창단처럼 올바르게 부를 수 있겠습니까? 박자, 음계 고저가 각자마다 다 다르니 8부, 9부 합창이 될 수밖에 없지요. 그렇게 노래를 불러야 지칠 대로 지친 광복군의 실감 나는 노래가 되지 않겠습니까?"

천재동의 증언에 따르면, 그는 "동지들이 비참하게 죽어갔는데 내가 호화롭게 살아갈 수 있느냐."라는 말을 입버릇처럼 되뇌었다고 한다.[35]

한형석은 1979년 6월 30일, 부산광복장학회를 설립해 창립회장을 역임했으며, 한 달에 한 차례 떠나는 부산 일요화가회의 스케

---

34 이상헌, 앞의 글, 126쪽.

35 이상헌, 앞의 글, 126쪽.

치 여행에도 동행했다. 그리고 1984년 6월 제31회 회원전, 1985년 제34회 회원전, 1986년 6월 제35회 회원전 등에 작품을 출품하기도 했다.

1990년 건국훈장 애국장을 수상한 한형석은 그로부터 3년이 지난 1993년에 병을 얻어 대동병원에 입원하면서 건강이 급속도로 악화했다. 그 뒤 입원과 퇴원을 반복하다 1996년 6월 14일, 부산시 부평동 3가 자택에서 향년 87세를 일기로 작고했다.

한형석이 귀천한 날 밤은 잔뜩 흐린 하늘에 간간이 부슬비가 내렸다. 그는 온 가족이 지켜보는 가운데 조용히 눈을 감았다. 마침 다섯 남매의 막내인 한정수의 결혼식이 있은 지 일주일이 되는 날이기도 했다. 3년간 힘겨운 병마와 싸우면서도 끝내 버틴 이유는 쉰넷의 늦은 나이에 얻은 막내아들의 성혼을 지켜보기 위함이었는지도 모른다.

작고 후 그의 뜻을 기리기 위한 움직임이 일어 1996년 12월 6일에 추모비가 건립됐다. 이어 2004년 6월 14일을 기해 '애국지사 먼구름 한형석(유한) 추모사업회'가 정식으로 발족했다.

부록

한형석의 예술 작품 및 기타 자료

1
작곡집

『신가극삽곡집(新歌劇揷曲集)』[1]

목차

머리말(寫在前面) … 한유한

인쇄전 잡감(付印前的雜感) … 이가

1. 가극 〈신중국만세〉 '가극삽곡부'

1) 〈봄 하늘의 밝은 태양(春天的陽光)〉-제1막 테너 독창곡
   한유한 작곡, 이가 작사

---

1 한유한 작곡집 『신가극삽곡집』(1940년 4월 시안의 신중국문화사 출판). 金在勝, 앞의 초고.

2) 〈농촌무곡(農村舞曲)〉-촌고 무용 시 사용(村姑跳舞時用)

한유한 작곡, 이가 작사

3) 〈건설신중국(建設新中國)〉-가극 중 합창곡

한유한 작곡, 이가 작사

4) 〈여명의 노래(黎明之歌)〉-가극 중 합창곡

한유한 작곡, 이가 작사

5) 〈고향 달(故鄕月)〉-가극 중 소프라노 독창곡

한유한 작곡, 정니 작사

6) 〈출정행진곡(出征進行曲)〉-가극 중 합창곡

한유한 작곡, 범리 작사

7) 〈작은 새의 노래(小鳥的歌)〉-소프라노 독창곡

한유한 작곡

2. 가극 〈리나(麗娜)〉 삽곡

1) 〈반공행진곡(反攻急進曲)〉

한유한 작곡, 한유한 작사

2) 〈유랑인의 노래(流浪人之歌)〉-제2막 테너 독창곡

한유한 작곡, 한유한 작사

3. 〈남편을 출정에 보내면서(送郎出征)〉-민요풍 경가극(輕歌劇)

한유한 작곡, 이가 작사

출정 청년농부 - 테너

농부의 처 - 소프라노

합창대

1) 〈오늘에서야 원한을 갚다(報仇雪恥在今天)〉-무용극(舞踊劇)

한유한 작곡, 이가 작사

2) 〈병사의 노래(戰士歌)〉

한유한 작곡, 장견인 작사

3) 〈중국부녀항적행진곡(中國婦女抗敵進行曲)〉-2부 합창곡

한유한 작곡, 郭沫若 작사

4) 〈황하 강변의 달(黃河邊的月)〉-독창곡

한유한 작곡, 이가 작사

5) 〈집과 고향을 잃은 자매(失去了家鄉的姉妹)〉-여성 2부 합창곡

한유한 작곡, 이가 작사

6) 〈XX칼을 들다(XX拿起俑的刀!)〉

한유한 작곡

7) 〈정의의 노래(正義之歌)〉-〈중국의 공포 포효(中國的恐吼)〉 합창곡

한유한 작곡, 냉파 작사

8) 〈왜적에 대한 분노(倭奴墳)〉-독창곡

한유한 작곡, 왕아평 작사

9) 〈왕가장(王家莊)〉-중국민요

한유한 채보, 범대괴 전사(塡詞)

10) 〈배추(小白菜)〉-중국 북방민요, 독창곡

한유한 작사

11) 〈추초비마아장(秋草肥馬兒壯)〉-산시성 경조(京調), 2부 합창곡

한유한 편곡, 범대괴 전사(塡詞)

12) 〈우리들의 함성(我們的聲)〉

한유한 편곡

13) 〈적군이 검을 휘두르는 것을 보다(一見敵人揮利劍)〉

한유한 편곡, 문심 편사(編詞)

14) 〈요금(衝鋒)〉

한유한 편곡

15) 〈전진곡(前進曲)〉

한유한 편곡

16) 〈아름답다, 중국(美哉中華)〉-중국 구곡(舊曲), 3부 합창곡

한유한 화성(和聲)

17) 〈대중화(大中華)〉

한유한 작사, 화성

18) 〈전임자(前趨)〉

한유한 편곡

19) 〈충과거(衝過去)〉

George M. Cohan 작곡, 한유한 편곡

20) 〈항일 남아(抗日的男兒)〉-영국민요

한유한 편곡, 화성

21) 〈타승상동경(打勝上東京)〉

한유한 작사

22) 〈xx xx…〉

한유한 편곡

23) 〈고향생각(念故鄕)〉

Antonin Dvorak 작곡, 정니 · 포진 편사(編詞)

24) 〈용감하게 전진(勇往直前)〉

Welsh NationaeMc 곡, 문심 작사

25) 〈일어나(起來呀)〉

한유한 작사

26) 〈xxx개선가(xxx凱旋歌)〉 2부 윤창

한유한 작곡

27) 〈중화남아(中華男兒)〉 2부 윤창

한유한 작사

28) 〈항전가(抗戰歌)〉 4부 윤창

한유한 작사

29) 〈x하귀자두(x下鬼子頭)〉 4부 윤창

한유한 작사

30) 〈승리의 만종(勝利的晩鐘)〉 3부 윤창

한유한 작사

31) 〈변명적간(拚命的幹)〉 3부 윤창

한유한 작사

32) 〈전선의 북소리(戰鼓鼕鼕)〉 2부 윤창

한유한 작사

33) 〈타도일본가(打倒日本歌)〉 4부 윤창
한유한 작곡

앞에 쓰는 글

한유한

36년이 지나서야 아동극인 〈리나〉의 각본을 쓰고 작곡을 시작했다. "7·7사변" 두 달 전에 드디어 완성됐다. 한 달 동안 리허설을 한 후 유월 기남에 있는 산둥성립여자부속소학교 아동극장에서 정식으로 공연했다. 출연자들은 당연히 부속아동연극단이었다. 그 밖에 산둥성립 연극원의 관현악단이 반주를 말아서 정말 매력이었고 볼 만했다.

지금 기억하면 그렇게 대규모 공연이 있었던 것은 최 주임의 덕분이라고 해도 과언이 아니었다. 공연한 지 얼마 안 되어서 루거우차오(蘆溝橋) 민족보복 하는 봉화가 북국의 하늘을 덮었다. 포탄이 옆에서 폭발하는 동시에 비행기가 기차를 쫓아다니며 포탄을 떨어뜨렸다. 전쟁은 모든 것을 변하게 했다. 당연히 나도 예외는 아니었다. 원래의 스승으로부터 난징 주국연극단의 전투원이 되었다. 그 전쟁터와 황하의 언덕과 시베이에 있는 농촌에서 움직이면서 일했다. 이런 움직임 사태에서 난 다시 3막짜리 〈신중국만세〉라는 국방 연극을 쓰기 시작했다.

37년 말 나는 헤서안에 왔다. 그때 벌써 연극의 십분의 칠팔이 작성되었다. 그런데 나는 남은 십 분의 이삼을 쓸 용기가 나지 않았다. 왜냐하면 시안에서는 이 연극을 공연할 수가 없기 때문이다. 노래를 부를 줄 아는 사람이 몇 명밖에 없었던 데다가 관현악단도 없었다. 작은 바이올린이나 큰 바이올린이나 피아노 등을 찾으려고 했는데 없어서 반주할 가능성이 전혀 없었다. 이런 마당에서 연극을 어떻게 할 수 있겠는가?

최근 중국연극학회는 책을 출판하는데, 대애(戴涯) 형이 나보고 연극집을 출판해 달라고 하셨다. 그렇지 않으면 최소한 항일 전쟁에 대한 새로운 연극을 하나 출판해야 한다고 했다. 동시에 어떤 악단과 선전단체 친구들도 '새가황' 서점에서 파는 노래집 중에 몇 개밖에 없고 새로운 노래가 적게 나왔다고 느꼈다. 사실 나도 동감이었다. 그래서 〈신중국만세〉라는 연극 중에 삽입한 옛날에 자주 불렀던 곡을 몇 곡을 모아서 다시 출판하기로 결정했다.

그러나 나는 내 능력을 잘 알고 있다. 이 작품들이 아주 보잘것없는 것이라는 점을 잘 안다. 원래 나는 용기가 없다. 이렇게 말이 안 되는 글을 출판하려는 용기가 정말 부족했다. 그러나 한편으로 책에 대한 빚을 갚고, 다른 한편으로 음악 전문가의 소중한 가르침을 받을 수 있는 기회를 갖고 싶어서 큰 용기를 내 출판한다.

판리 형은 바쁘신 가운데 표지를 열심히 꾸미고 무대를 꾸미면서는 정니(丁尼), 냉파(冷波), 범대괴(范大块) 등 여러 사람들이 적지 않은 시간을 할애해 주셔서 정말 고마웠다.

그리고 이 노래집을 작성하는 중에 강엽의 격려와 협력을 많이 받아 이분을 기념하기 위해 이 노래집을 증정하기로 했다.

주: 이 노래는 시안 동창생들이 돌아가며 부르고 전려진(钱丽珍)이 살펴 고치고 내가 정리해 왔던 것이다. 그중에 빨갛게 표시된 한마디는 내가 일반적인 논리에 따라서 고친 것이다.(전여진의 회상에 따르면 이 마디는 여전히 '적군이 짓밟았던 땅에서'이다.)

다른 노래는 내년 봄 모임에 나갈 때 다시 작곡할 예정이다. 위에 있는 노래는 항일전쟁 시기의 몇 년에 쓴 것인데, 그중에 뭔가 잘못된 것 있으면 지적해 주시기 바란다. 또 1938년 9월 31일 〈인민일보〉에 아동보육회가 설립된 과정에 관련된 글이 실렸다고 들어 찾았는데 후일에 다시 복사해서 보내드릴 것이다.

종남산중(終南山中)

인쇄에 넘기기 전의 잡감(雜感)

이가(李嘉)

이 책은 내가 유한과 같이 썼다고 하기에 매우 부끄럽다. 왜냐하면 유한이 책을 편찬하기까지 대부분의 작업을 했고, 이 책에 있는 모든 곡도 유한이 이 년 동안 창작한 작품이라, 나는 가사를 쓰는 작업에 다소 참여했기 때문이다.

유한과의 우정은 완전히 음악 작업에 바탕을 두고 맺어졌다고 해도 과언이 아니었다. 나는 전문적으로 음악을 배운 사람은 아니지만 어렸을 때부터 음악을 좋아하고, 특히 연극에 대한 흥미가 많았다. 이 두 가지 점을 유한과 협력하는 출발점으로 삼을 수 있을 것이다.

원래 가극과 가곡은 문학과 음악의 배합이다(당연히 가극은 영화, 연극, 미술 등이 중요 요소이다). 유한은 전문적으로 음악을 배운 사람이라 작곡을 책임지고, 나는 비교적 글쓰기를 좋아해 가사 작업을 했다. 3막 연극 〈신중국만세〉는 내가 유한과 같이 처음으로 시도한 작품이다. 종남산에 있는 한 달 동안 우리는 서로를 격려하고 재촉했는데, 전체 연극의 2/3 정도 완성하고는 전출되었다. 우리는 산에서 한가로이 창작 생활을 계속할 수 없게 되었다—유한은 간사단에, 나는 전구(戰區)정치부에 소속되어 있다—. 요즘은 모두 바빠서 늘 같이 있지 못하지만, 우리는 연극에 대해서 늘 손을 잡고자 한다. 우리는 짧은 시간 안에 이 3막극을 완성하기로 결심하고, 동시에 앞으로 작고 연출하기가 조금 쉬운 민간 경가극을 많이 창작하려 한다. 예를 들면 '남편을 출정시키고'와 같이.

항전기 이후에 새로운 노래가 많이 나왔는데, 가사 방면에 완벽한 것이 거의 없고, 일반적 문제점은 아래와 같다.

(一) 문장이 너무 심오해서 부를 때 이해하기가 어렵다.

(二) 문장이 너무 평범하고 구호가 많고 시적 감정과 성의가 부

족하다.

(三) 문장과 곡 사이에 선율이 적당치 않아서 부르기도 어렵고 알아듣기도 쉽지 않다.

이 책에 수록된 가곡은 대부분 음악 방면으로 편향되어 있다. 먼저 곡을 쓰고 그다음에 내가 가사를 써넣었다. 그래서 가사 쓰기가 더 어려웠다.

중국연극협회는 총서를 출판하려고 하기 때문에 가극을 완성하지 못한 채 일부는 먼저 인쇄에 넘기게 되었다. 물론 우리는 노래나 곡에서 미숙하다는 것을 잘 알고 있다. 그래서 여러분께서 우리를 비평해 주시기를 바란다.

강엽은 유망한 소프라노이다. 종남산에서 내가 유한과 협조하는 한 달 동안 강엽은 우리와 작업과 생활을 함께한 열정적인 사람이다. 여기에 그녀가 도와준 것에 감사하고 미래의 큰 성공을 바란다.

곧 인쇄에 넘긴다 해서 시간이 모자라 내키는 대로 쓴 것이라 서문은 아니고 문장도 제대로 된 것이 아니다. 그래서 잡감이라 하는 것이 더 적당할 것으로 생각한다.

1939년 여름 6월 말

시안 어느 격전지(某戰區) 정치부에서

『낙원행진곡 삽곡집』(16쪽)[2]

한유한 작곡, 능학 작사

(1) 〈포화 속에서 유랑하는 우리들〉 남녀 혼성 중창곡

(2) 〈공장으로 가자〉 남녀 혼성 중창곡

(3) 〈어디나 소와 말떼〉 남녀 혼성 중창곡

(4) 〈형제자매 학교에 가다〉 남녀 혼성 중창곡

(5) 〈우리는 모두 새로운 영웅〉 남녀 혼성 제창곡

(6) 〈청공에는 만장광망(靑空萬丈光芒)〉 남녀 혼성 제창곡

---

2 『낙원행진곡 삽곡집』(중국 대동서국, 1940).

「광복군 군가집」 제1집

(1) 〈국기가〉 이범석 작사, 한유한 작곡

(C장조, 4/4박자)

우리 국기 높이 날리는 곳에
삼천만의 정성 쇠같이 뭉쳐
맹세하네 굳게 태극기 앞에
빛내라고 길게 배달의 역사

(2) 〈제2지대가〉 이해평 작사, 한유한 작곡

(G장조, 2/4박자)

총 어깨 메고 피 가슴에 뛴다.
우리는 큰 뜻을 품은 한국의 혁명청년들
민족의 자유를 쟁취하려고
원수 왜놈 때려 부수려 희생적 결심을 굳게 먹은
대한광복군 제2지대
앞으로 끝까지 전진 앞으로 끝까지 전진
조국독립을 위하여 우리 민족의 해방을 위해

(3) 〈신출발〉 신덕영 작사, 한유한 작곡

(G장조, 4/4박자)

1. 새로 출발해 가자 비 그치고 구름 헤쳐
   햇빛이 났네 맑고 밝은 새로운 광명
   먼지 하나 없는 길을 비추고 있다.
2. 발을 맞춰서 가자 구름 헤쳐 바람 자서
   햇빛이 났네 씻고 씻어 푸르른 나무
   씩씩하게 정다웁게 늘어서 있다.
3. 명랑하게 나가자 바람 자고 햇빛 나서
   새들이 우네 빵긋빵긋 웃는 꽃송이
   아름답게 희망 넘쳐 바라다본다.

(4) 〈압록강 행진곡〉 박영만 작사, 한유한 작곡

(G장조, 4/4박자)

1. 우리는 한국독립군 조국을 찾는 용사로다
   나가! 나가! 압록강 건너 백두산 넘어가자
   진주 우리 나라 지옥이 되어
   모두 도탄에서 헤매고 있다.
2. 우리는 한국광복군 악마의 원수 처 물리자

나가! 나가! 압록강 건너 백두산 넘어가자
등잔 밑에 우는 우리 형제가 있다
원수한테 밟힌 꽃포기 있다
(후렴)
동포는 기다린다
어서 가자 고향에
어서 가자 조국에
우리는 한국광복군
조국을 찾는 용사로다
나가! 나가! 압록강 건너
백두산 넘어가자

(5) 〈조국행진곡〉 신덕영 작사, 한유한 작곡
(C장조, 4/4박자)

1. 팔도강산 울리며 태극기 펄펄 날려서
조국 살릴 감격에서 꽃이 피어오른다
화려 금강 솟아 웅장 한강 돌며 삼천리 산천 환해지고
한숨 쉬고 기다린 동포들 기쁨에 넘쳐 춤추겠네
주리고 떠는 혁명군 고민과 울분을 넘어서
조국 살릴 영광길 힘차게 빨리 나가자
2. 독립만세 부르며 태극기 펄펄 날려서

조국독립 찾는 날 눈앞에 멀지 않았다
백두산은 높이 압록강은 길게 우리를 바라보고 있고
지하에서 잠자는 선열들 근심에 넘쳐 못자겠네
굳세고 나는 광복군 총알 속 상의 뚫고서
조국 찾는 혈전 길 직선으로 나가자

(6) 〈여명의 노래〉 이해평 작사, 한유한 작곡

(E단조, 4/4박자)

(우울하게)
처량한 땅 기나긴 밤 도처에는 어둠이다
우울에 잠겨 슬퍼 말자
어둠 지나면 새벽이니 어둠은 물러갈 것이다
(씩씩하게)
어두운 밤 이미 지나 먼동 트기 시작한다
세우자 우리 새로운 한국
철굽에 밟힌 우리 땅에 햇빛 비치니
동포들아 노력해

(7) 〈우리나라 어머니〉 신덕영 작사, 한유한 작곡

(B장조)

1. 우리나라 어머니 품을 떠나서
헤메이는 형제들 어서 뭉치세
백설단심 끓는 피 깨끗이 바쳐
한을 풀고 찾으세 화려 삼천리
2. 우리나라 어머니 살리러 가세
가슴 속에 박힌 못 빼낼 때 왔네
만련(萬練) 웅지 굳은 맘 끝까지 싸워
분을 풀고 빛내세 배달 삼천만

(8) 〈흘러가는 저 구름〉 신덕영 작사, 한유한 작곡

(F장조, 3/4박자)

1. 저 산 넘어 저 멀리 흘러가는 저 구름
우리나라 찾아서 가는 것이 아닌가
말도 없이 부정세 떠나왔지만
맘 속 깊이 뜨겁게 사랑하였고
굵은 돌과 시냇물 고향 같음을 볼 적마다
그리워 가슴 앓으니
보내다오 이 내 맘 저 구름아
보내다오 이 내 맘 저 구름아
2. 저 산 넘어 저 멀리 흘러가는 저 구름

우리나라 찾아서 가는 것이 아닌가
떠나올 때 울면서 떠나왔지만
내리는 비 찬 바람 굳센 맘으로
혁명자의 나갈 길 밟고 있으니
생각나서 울거나 하지 않음을
전해다오 이 내 맘 저 구름아
전해다오 이 내 맘 저 구름아

3. 저 산 넘어 저 멀리 흘러가는 저 구름
우리나라 찾아서 가는 길이 아닌가
돌아볼까 바라지 아니하면서
이 내 몸은 이국의 흙이 되어도
정신 살아 우리 당 화초가 됨을
기뻐하며 평안히 살아가기를
바란다고 알려라 저 구름아
바란다고 알려라 저 구름아

2
추모사

조시

먼구름 韓亨錫 先生 靈前에 바치는 弔詩

故 먼구름 韓亨錫 선생 영결식에 즈음하여

檀紀4329年 丙子歲 6월 18일 부산 東萊 대동병원에서

李木偶

여기
금수강산을 베개삼아
한 거인이
말없이 누워 계시는가.

여기

일편단심 조국 광복을 위하여

충(忠)과 성(誠)과 정(情)과 열(熱)을 남김없이 낱낱이 흩뿌리며

대륙 중원을 종횡무진으로 주름잡아

비호처럼 내달으며 왜적을 사시나무로 마냥 떨게 하시던

열혈남아가 그 시절

꿈결에도 뼈에 사무치게 그리고 그리고 그리던

고국의 하늘을 이불 삼아

오늘은 고요히

고요히 눈을 감고 계시는가 !

여기 샛별보다 더 빛나는 형형한 눈을 부릅뜨고

조국의 앞날을 오매불망하여

〈국기가〉*를 짓고 〈용진가〉를 짓고, 〈압록강행진곡〉을 지어

혈맹동지와 더불어 우렁차게 부르고

또 목메이게 부르고 부르며

겨레 얼을 되살리기 위하여

나라를 다시 일으키기 위하여

그 기개를 중원에 떨치시던

대한쾌남아가

사뭇 애타게 가슴 저미며 통일조국을 기다리고 또 기다리시다가

우리 앞에

바로 이 자리에 이제는
이제는 조용히 누워 계시는가!

여기
돈에도, 명예에도, 권력에도
미동함이 없이 태산처럼
외외당당하게 살아가시던
한 초인(超人)이
대우주도 녹여 삼킬
그 뜨거운 가슴을 소리 없이 식혀
여든일곱 해 기나긴 가시밭길 여정을 마무리하고
먼 하늘에 유유히 떴다가
사라져 가는 저 한 조각 구름처럼 표연히
표연히 가시는가.

여기 아버지로부터 물려받은
3 · 1의 얼이 오롯이 배인 태극기와
한 줌의 조국 흙을
단군자손의 미표로 그 가슴에 부여안고
겨레 자존 나라 독립을 위하여
그 젊음을 다 바치시다가
금의환향해야 하는 광복된 조국 땅에서는
오로지

애옥살이 청빈을 낙도로 삼으며
비탈집
야와팔척(夜臥八尺) 다락방을 대하천간(大廈千間)으로 삼아
잔잔한 미소로
후학을 따뜻하게 응대하시던
철인이
우리 곁을 영영 떠나 이제는
이제는 당신의 아버님이 계시는 곳으로 그 머나먼 곳으로
천로역정을 밟으려 하고 계시는가.

아아,
그지없이 높은 그 품성
그 무엇으로 비길 것인가!

아아,
가없이 미쁜 그 덕성을
그 누구에게서 찾아볼 것인가!

아아,
바다보다 더 크넓은 그 금도를
어느 누구에게서 바랄 수 있을 것인가!
님이여, 님이여, 님이여......

하늘이여, 땅이여,
물이여, 바람이여
우리와 더불어, 겨레와 더불어
슬퍼하라, 슬퍼하라 !
통곡하라, 통곡하라 !
그리고 기억하라, 이날을 !

여기
20세기를 휩쓸었던 연대사적 격랑을 속속들이
삶과 더불어
그 깡마른 몸으로 굽이굽이 헤쳐 오신
큰어른 먼구름 한형석 선생이
이승을 홀연히 뜨신 날을
단기 4329년 병자세(歲) 태음력 4월 29일을
태양력 6월 14일 금요일을
길이길이
광활무궁한 십방세계(十方世界)를 하나로 가득 사무치는
우뚝한 기념비로
가신 님의 거룩한 이름으로
아로새겨 잊지 않게 하라, 아로새겨 잊지 않게 하라 !
이날을 길이, 길이 이날을 !

- 단기 4329년 6월 14일 타계하신 먼구름 한형석 선생의 부음

(訃音)을 그 16일 자 조간신문 〈부산매일〉에서 보고 부산 수영구 망미동 979-72 현대한누리타운아파트 103동 906호 다락집에서 이 글을 짓다.

* 먼구름 선생이 작곡하신 여러 광복군가 중 〈국기가〉는 고 철기 이범석 장군이 이끌었던 대한민족청년단에서 국기를 게양할 적마다 불렀다고 한다.

묘비명

애국지사청주한선생형석지묘(愛國志士淸州韓先生亨錫之墓)

일월(日月)은 자연의 광명이요 지사의인(志士義人)은 인간의 등불이니 천지만물은 해와 달의 운행으로 인해 조화를 이루고 인류역사는 지조와 의리로 말미암아 바르게 나아감이라. 우리는 여기 청석(靑石)을 세워 한형석 선생의 불굴의 절의와 티 없는 인품 그리고 낭만이 가득한 삶의 일단을 새겨 길이 우러러보려 한다. 선생의 중국명은 한유한(韓悠韓)이요 필명은 한유한희(罕酉罕希)요 호는 먼구름, 원운(遠雲), 유운(悠雲), 옥봉(玉峯)이며, 본관은 청주인데, 애국지사이신 아버지 동해 한흥교 공과 어머니 이인옥 여사의 차남으로 서기 1910년 2월 21일에 동래 교동에서 태어나니 그 선대의 세계는 이 가족묘지 안의 부조(父祖)의 묘비문에 소상하다. 북경에 망명 중인 아버님을 찾아 5세 때 가족과 함께 중국으로 건너가 그곳에서 초중고급학교를 거쳐 신화예술대학에 입학하기 위해 상하이로 떠날 적에 아버님이 주신 한 폭의 태극기와 한 주머니의 모국 흙을 종신토록 소중히 간직하였다. 위 대학을 고학으로 졸업한 후 1933년 가을부터 중국대륙을 전전하면서 항일군가를 작곡하기 시작하고, 〈리나(麗娜)〉, 〈아리랑〉 등 수 많은 가극작품을 창작, 연출, 주연하여 항왜의식을 고취하였으며, 때로는 김구 주석과 장개석 위원장을 초대하여 격찬을 받기도 하였다. 한편, 39년 6월에 중국 서북집단군 정치부 공작대장에 임명되어 산서 중조산에 침입한 일본군 소탕전에 참전하고, 이어 전시공작 간부훈련단 교관을 역임하면서 〈한국의 한 용사〉, 〈동포는 우리를 기다린다〉 등의 연극을 공연하였다. 40년 9월 한국광복군이 창설되자 교관으로 임명되어, 44년 10월에는 광복군 제2지대 선전대장에 취임하였으며, 익년 8월에 한미합작 OSS 특공작전의 훈련을 이수한 후 국내침투작전 대기 중 8·15광복을 맞았다. 실로 춘풍추우(春風秋雨) 십여성상(十餘星霜) 동안 풍찬노숙(風餐露宿)의 연속이었다. 48년 9월 광복의 감격을 안고 환국한 후 자유아동극장 및 색동야학원을 설립하여 걸식아동을 교화하였으며, 초대 부산 문화극장장과 부산대학교 문리대 교수 및 광복회 부산지회장을 역임하면서 고장의 문화창달과 영재의 교육 및 불우한 독립유공자 돕기에 심혈을 기울였으며, 정년퇴임 후에도 시내 각 대학에서 젊은이 못지않은 정열과 낭만으로 여생을 보내다가 1996년 6월 14일 향년 87세로 서거하셨다. 정부에서는 대통령 표창과 국민훈장 목련장 및 건국훈장 애국장을 수여하였고, 지금 자녀들이 정성을 모아 묘비를 세우니 선생의 위업에 보답하는 길이라 하였다. 선생의 티 없이 맑은 인품, 굽히지 않는 지조 및 변함없는 나라 사랑은 겨레 역사와 더불어 영원하리라.

1996년 12월 6일

광복회 부산지부장 인천(仁川) 이태길(李泰吉) 삼가 짓고

부산시 문화재 전문위원 창녕(昌寧) 조영조(曺寧助) 삼가 쓰다

추모사업회 발기취지문

애국지사 한형석 선생 추모사업회 발기취지문

(愛國志士 韓亨錫 先生 追慕事業會 發起趣旨文)

먼구름 한형석(1910~1996년) 선생은 부친 동해 한흥교(1885~1967년) 선생과 함께 부산지방이 낳은 유일한 부자 애국지사로, 중국에서 사용한 이름은 한유한입니다. 1915년 5살의 어린 나이에 모친의 손을 잡고 처음 상하이로 갔다가 가족과 함께 일시 귀국했고, 1917년 7살 때 모친, 형과 함께 다시 압록강을 건너 부친이 망명 중인 베이징으로 가서, 베이징 소재 육영소학교, 노하고급중학교를 졸업하고 1927년 8월 상하이로 가서 구국예술을 하라는 애국지사 조성환 선생의 권고로 신화예술대학에서 수학하셨습니다. 1931년 7월 신화예술대학을 졸업하고 산둥성 당읍현 소재 무훈중학교와 지난 소재 산둥성립여자사범부속소학교에서 교사로 근무하면서 예술활동을 하던 중, 1937년 7월 7일 중일전쟁이 발발하자 중국희극학회 소속 항일연극대 제2지대장으로 항일투쟁에 참가하였습니다.

이후 1939년 12월 시안에서 중국 중앙정부 군사위원회 전시공작간부훈련단 제사단 음악교관(계급 중교, 현재의 중령)으로 근무 중, 그해 11월 11일 충칭에 발족한 한국청년전지공작대 나월환 대장의 권유로 전지공작대에 참여하여 예술조장으로 임명되어 본격적으로 조국광복사업에 투신하였습니다. 이곳에서 선생은 항일연극의 대표작이라고 할 수 있는 대형가극 전3막 〈아리랑〉을 완성하고, 1940년 5월 22일부터 31일까지 10일간 시안 실험극장에서 연출, 출연하여 연극을 통한 항일운동으로 한중 각계의 절찬을 받은 바가 있었습니다.

한국광복군 제2지대(지대장 이범석) 본부가 있는 시안에서 선생은 작곡과 연극을 통한 구국예술로 많은 군가를 작곡하는 한편, 10여 권의 연극 대본을 창작하고 항일연극집도 출판한 바가 있었습니다. 선생의 작품 중 항일가극 〈아리랑〉은 10회 공연, 〈승리무곡〉은 30여 회 공연을 하여 수익금은 광복군 제2지대 군자금으로 긴요하게 사용되었으나, 이런 비화는 이제까지 한국에서는 전혀 알려진 바가 없습니다.

선생은 평소 자신을 '광복군 노병'이라고 했지 '독립투사'로는 이야기하지 않았습니다. 또 중국대륙에서의 항일활동에 대해서는 함구로 일관해 와, 그 실체는 베일에 가려져 있습니다. 1939년 6월 시안 황하출판사에서 간행된 항일가곡집 『승리만세』를 비롯하여, 1940년 4월 시안 신중국문화출판사에서 간행된 작곡집 『신가극삽곡집』은 신중국문화총서 제10집으로 출판된 것입니다. 이외에도 선생의 작품은 대동서국에서 『낙원행진곡 삽곡집』으로 출간되었고, 1943년 10월 시안 한국광복군 제2지대에서는 『광복군군가집』을 2권이나 출판하기도 했습니다. 이렇게 중국대륙에서 현대음악과 연극으로 큰 족적을 남긴 선생의 작품은 광복된 조국에서는 빛을 보지 못하다가 최근 중국음악계와 연극계에서 새롭게 조명되고 있습니다. 이것은 오늘날 중국학계에서 항일투쟁기 한국、중국인을 통틀어 선생을 능가하는 항일예술가가 없다는 것이 인정되었기 때문입니다.

선생은 1930-1940년대 중국대륙에서는 100여 곡이 넘는 작곡을 하여 중국민중의 칭송을 받았던 위대한 작곡가이자 연극인이었습니다. 그러나 정작 우리들은 선생의 예술을 통한 항일투쟁에 너무나 무지했으니 부끄러운 일이 아닐 수가 없습니다. 선생은 마도로스 파이프를 물고 있는 단순한 로맨티스트만이 아니었습니다. 선생이 귀국 후 왜 자신의 과거를 철저하게 은폐하고 지냈는가 하는 점은 여러 가지의 이유가 있겠으나 가장 큰 원인은 해방된 조국의 사회환경이라고 하겠습니다.

선생은 한국광복군 제2지대 본부 장교로 근무하면서 예술활동뿐만 아니라 1945년 5월 1일에서 7월 말까지는 한미합동 특별유격훈련 OSS(Office of Strategic Service) 코스도 이수한 광복군 장교이기도 합니다. 선생이 중국항일연극대 일원으로 활동한 것을 제외하고도 1939년 12월 시안 한국청년전지공작대 예술조장으로 10여 년간을 조국을 위해 헌신했던 애국지사였습니다. 물론 대한민국 정부에서는 1990년 국민훈장 애국장을 수여하고 독립유공자로 인정을 했습니다만 선생은 다른 애국지사와 분명히 다른 조국애를 가지고 계셨습니다.

1945年 8월 15일 일제의 패망으로 조국은 광복되었으나 선생은 광복군 총사령부의 명을 받아 산둥성 지난(濟南)에 특파되어 재중교민과 일본군에 징집되어 온 한인 출신 병사들의 귀국송환사업

에 3년간 투신하고 임무를 완수한 후인 1948년 9월 38세의 장년으로 30년 만에 조국 땅으로 돌아왔습니다. 그러나 당시 한국의 예술 풍토는 선생의 예술적 재능을 펼치기에는 척박한 환경이었습니다. 뿐만 아니라 선생은 6·25전쟁으로 인해 또 다른 이산가족이라는 아픔을 숨긴 채 반세기를 살아온 분입니다. 한마디로 선생은 격동의 시대를 온몸으로 부딪치며 지내온 천부적인 예인이자, 귀국 후에도 항상 조국통일만을 생각해 온 우국지사였습니다. 이 점은 선생이 남긴 수많은 휘호와 시문이 입증하고 있습니다.

이제 선생의 작고 10주기를 앞두고 선생이 중국대륙에서 펼친 음악과 연극을 통한 항일운동자료를 발굴하여 널리 세상에 알려 민족혼을 살리고, 그의 구국예술을 통한 항일투쟁과 조국 사랑을 복원하고자 합니다. 선생의 예술세계는 작곡과 연극뿐만 아니라 시·서·화 3절을 아우르는 광범위한 예술세계라 어느 개인 한두 사람의 힘으로는 불가능한 작업입니다. 따라서 이 작업은 이제 우리들 모두의 몫이자 책임입니다. 선생의 고매한 인품을 기억하고 있는 우리들은 만시지탄이나 이제라도 선생을 추모하는 기념사업회를 발기하여 조직적이고 체계적인 사업을 추진하고자 하오니 강호제현들의 적극적인 참여를 바랍니다.

2004년 5월 5일

애국지사 한형석 교수 추모기념사업 발기인

(愛國志士 韓亨錫 敎授 追慕紀念事業 發起人)

3
회상록(回想錄)

아버지에 대한 회억(回憶)

광복 이후 중국에서 귀국하신 아버지와 일본에서 귀국하신 어머니는 1951년 4월 28일 집안의 중매로 늦게 일가를 이루셨다. 평소에 군더더기 말씀이 없으셨던 아버지에 대한 가족 구성원의 추억은 대부분 일화의 이미지로 낭랑했던 목소리와 함께 남아 있다. 부모자식간의 연령차이가 크지 않고, 지금처럼 기록매체가 발달하였다면 보다 많은 이야기 소재가 있었을 것이다.

미국의 유명한 촬영감독인 해스켈 웩슬러(Haskell Wexler)의 아들이 부친을 주인공으로 만든 다큐멘터리 영화 '카메라 앵글 속의 아버지'를 보면서, 늦게 태어난 우리 자식들이 좀 더 빨리 성장하지 못하여 도리를 다하지 못한 점과 좀 더 살아계셨더라면 하는 안타까움으로 회한에 젖기도 하였다.

통상적인 권위나 위엄으로부터 한없이 자유로우셨던 선친은 집안에서도, 그리고 집 밖에서도 그 모습이 다르지 않으셨다. 에피소드별로 어머니와 누님들, 그리고 동생의 이야기를 순서대로 싣는다(장남 한종수).

에피소드 1(어머니)

색동야학회와 아동극장

6·25전쟁 이후 아동극장 시절. 모두 배고프고 없던 시절이라 어려웠는데, 극장 단원들 식사 준비며, 또 야학회 학생으로 배움보다 주린 배를 해결할 목적으로 오는 부랑인들의 매 끼니 저녁 식사 해결에 무척 힘이 들었다. 그래도 남편은 집안의 사정을 아는지 모르는지 남을 돕고 배려하는 데 주저함이 없었다.

처음 자유아동극장을 시작할 때는 언덕 밑이었는데, 그곳을 정리해서 땅을 평평하게 만들었다. 가난한 아이들에게 낮에는 인형극을 보여주고, 밤에는 호롱불 등잔 아래서 한글을 가르쳤다. 주로 이곳에서 공부하던 사람들은 넝마주의와 오갈 데 없는 부랑 걸식자들로 이들에게 한글을 가르쳐 준 이들은 부산대학교 학생들이었다. 이들을 위해 도움을 받을 수 있는 기관이나 독지가는 당시에는 없었다. 한 번은 영국구호재단에서 어린아이 구제품 옷을 3마대 받았는데 청년들인 이들에게 유아복은 소용이 없어 다시 구호재단으로 되돌려 보냈던 기억이 있다. 이 외에는 어떤 도움의 손길도 없었다.

인형극 할 때는 내가 직접 인형 옷을 만들어서 소품으로 사용했고, 굶고 오는 부랑자들과 부산대학교 학생들을 위해 밥을 지었다. 수돗물이 없어 어린아이를 등에 업고 직접 산비탈을 내려가 물을 길어 매 끼니를 해결했다.

자유아동극장에 대한 남편의 애착이 유달라서 오랫동안 어린아이들과 가난한 부랑인들에게 위무의 자유아동극장이 되기를 소원하셨지만, 도움의 손길도 없었으며 얼마 되지 않은 부산대학교 강사 봉급으로는 유지가 매우 힘들었다.

밥한다고 쌀독을 열어 보면 텅 비어 있는 경우가 많았다. 그래서 때로는 아동극장을 찾는 부랑자와 부산대학교 학생의 끼니를 해결하느라 정작 내 식구에게는 밥을 먹이지 못하는 경우도 있었다. 이렇게 몇 해를 어렵게 견디다가 더 이상 버티지 못하고, 남편은 안타까운 마음으로 아동극장 문을 닫을 수밖에 없었다. 하지만 남편의 아이들에 대한 애정과 가난하고 헐벗은 이웃들에 대한 사랑은 그 이후에도 변하지 않았다.

여름 폭우

아미동 변전소 옆 비탈길에 대충 지은 집이라서 지붕에서는 항시 비가 새고, 폭우가 오면 도랑이 넘쳐 집으로 오수가 흘러들어왔다. 매년 여름 장마철이면 반복되는 일이었다. 남편보다는 젊고 건강했던 나는 집안 곳곳에 들이치는 빗물을 받을 수 있도록 양동이를 놓은 뒤, 폭우 속을 헤치고 한참을 도랑을 쳐내어서 길을 내고는 땀과 빗물이 범벅이 되어 돌아오곤 했다. 그럴 때마다 붓글씨를 쓰고 있거나 책을 읽고 있던 남편은 미안하고 안쓰러운 표정으로 수건을 챙겨와서는 건네주곤 했다. 한 번은 몇 일간 계속된 고된 일로 몹시 지친 나는 남편의 손에 들려있는 수건을 홱 낚아채듯 가져와 땀을 훔치며 듣기에 민망한 말을 하고 말았다. 그때 그런 나의 행동과 말에 아무 말 없이 물끄러미 미안하다는 표정으로 나를 바라본 남편의 모습이 떠오를 때면 지금도 마음이 편치 않다.

부산대학교 강사 봉급날과
옆집의 빈 쌀독

부산대학교 교수 발령이 나기 전 강사 시절. 얼마 안 되는 강사 봉급날이면 옛 광복군 동지가 찾아와 자신의 딱한 사정을 하소연하곤 했다. 남편은 두말없이 받아 온 봉급을 봉투 채로 넘겨주어 나를 무척 힘들게 하였다.

하루는 내가 어렵게 외상으로 쌀을 마련하여 독을 가득 채워 놓았다. 그런데 다음 날 쌀이 반독도 안 되게 비어 있었다. 남편에게 그 까닭을 물으니 "옆집 쌀독이 비어서 주었노라."라는 대답이었다. "우리 먹을 양식도 없는 데 다른 사람 다 주면 우리는 무엇을 먹고 사느냐?"라고 내가 따져 물었다. 남편은 대수롭지 않은 표정으로 "그래도 아직은 우리 쌀독이 완전히 빈 것이 아니다."라고 말하곤 묵묵히 책만 읽어 내려갔다.

제주도 여행

만사위가 제주도 여행을 보내 주었다. 우리를 제외한 일행 모두는 신혼부부들. 두 노인네가 신혼부부들 틈에 끼여 관광버스를 타고 제주도 관광을 할 때 일어난 일이다.

노래자랑이 이어지다가 사회자가 할아버지도 노래를 한 곡 해 줄 것을 청해 왔다. 남편은 그들에게 코믹한 동작과 함께 중국 노래를 불렀다. 앵콜 요청이 계속되어 몇 곡을 더 멋지게 노래하였다. 막힘이 없는 그러면서 범상치 않은 분위기와 여행 중 문제가 생긴 미국인의 의사소통을 유창한 영어로 해결한 남편을 보고서 신혼부부들은 뭐 하시는 분이냐고 계속 집요하게 물어왔다. 남은 여정 동안에 이들로부터 대우받고 싶은 속좁은 아낙의 마음으로, 나는 내심 부산대학교 교수이며 중국에서 활동한 광복군이라고 말해 주길 바랐다. 그러나 남편은 젊은이들에게 그 특유의 미소를 지으면서 "그런 것은 묻는 게 아니다."라며 끝끝내 당신에 대한 아무런 말씀도 하지 않으셨다.

우리는 각자 여행경비를 챙겨서 갔는데, 일정 마지막 날 해변에서 해녀가 파는 전복을 내가 큰맘 먹고 사 먹자고 했다. 남편은 비싸 보이는 전복을 앞에 두고서 아무 말이 없었고, 나도 집에 올망졸망 있을 아이들 생각에 내 주머니를 선뜻 열지 못했다. 결국, 전복 앞에서 입맛을 다시다가 발길을 돌리고 말았다. 지금도 남편 제사 때 전복을 상에 올릴 때면, 그때 전복을 사드리지 못한 것이 후회스럽다.

남편이 떠나던 날

남편은 1993년도에 병을 얻어 그해 대동병원에 처음으로 입원을 했다. 퇴원 후에도 집과 여러 종합병원을 번갈아 가며 치료를 받으셨다. 집에 계실 때는 구포 장날에 가서 청둥오리를 사와서 고와 드리기도 했다. 마지막 가시는 길을 평안하게 가시라고 5자녀도 각자 자녀 된 도리를 하기에 애썼다.

집에서 치료를 받으실 때에는 상록수 합당단원 모두가 병문안을 오시곤 했다. '하꼬방' 작은 이층집의 계단까지 상록수 합창단원이 비집고 앉아서 남편을 위로해 드렸다. 천재동 선생도 노구를 지팡이에 의지하면서 병문안을 오셨다.

돌아가시던 날 밤에는 날씨가 잔뜩 흐리고 간간이 부슬비가 내렸다. 온 가족이 지켜보는 가운데 조용히 촛불이 사그러지듯 스르르 우리를 두고 너무도 조용히 가셨다.

막내의 결혼식이 있고서 일주일이 지난 날이었다. 돌이켜 보건대, 힘겨운 병마와 싸움을 3년이나 지속한 것은 54살의 늦은 나이에 얻은 막내아들의 성혼까지를 지켜보시고자 함이 아니었던가라는 생각이 든다.

반평생을 중국대륙에서 광복군으로 치열하게 사셨고, 나머지 반평생을 저 하늘의 먼 구름처럼 속세를 초월하듯 사셨던 선생은 내게는 그저 아이들의 좋은 아버지고 다정하고 소중했던 남편이었다.

대동병원

남편은 막내 여동생의 대동병원에 입원하시기를 원하셔서 2차례 신세를 지게 되었다. 대동병원 의사인 조카가 회진을 돌며 "외삼촌! 여기에 계시니까 기분이 어떻습니까?"라고 물어오면 "기분이 참 좋다"라고 말씀하시며 씽긋이 웃으시곤 했다. 그리고는 대동병원의 옛일도 많이 회상하셨다.

음으로 양으로 대동병원에서 많은 도움을 받았고, 마지막 장례식까지도 대동병원의 신세를 졌다. 나와 우리 식구 모두는 사회의 아픈 이들에게 사랑과 평안의 안식처가 되어 대동병원이 무궁히 발전하기를 기원하고 다시금 감사드린다.

에피소드 2(한주수)

어릴 때 일이다. 밤늦게 귀가하실 때면 아버지는 항상 우리들의 먹을거리가 들어 있는 봉지를 손에 들고 오셨다. 집 가까이에 오시면 우리들이 문을 열고 우르르 맨발로 뛰쳐나올 때까지 "주수~" 라고 계속 부르셨다. 새로 이사 온 동네 사람들은 "요즘엔 찹쌀떡 장사 대신 쥬스 장사도 있나 보다."라고 생각했다고 한다.

대만에 다녀오셨을 때 가져오셨던, 그 당시에는 매우 귀했던 바나나의 맛은 지금도 잊혀지지 않는다. 아버지는 항상 자상하셨고, 자식들에게 너무도 너그러우셨다. 그림과 붓글씨에 몰입하셨던 모습이 어린 나에게 영향을 끼쳤는지, 나는 대학에서 미술을 전공했다. 아버지 덕분으로 이석우 화백의 화실에서 그림 공부를 할 수 있는 행운도 갖게 되었다.

결혼 후 남편을 따라 호주로 갈 때 '뜻이 있는 곳에 길이 있다.'라는 글을 주셨다. 외국에서의 삶이 내 생각 같지 않을 때는 아버지의 글씨체를 곰곰이 바라보는 버릇이 생겼다. 가만히 보고 있으면 글씨에서 왠지 모를 힘을 얻는 것 같았기 때문이다.

그래서인지 모르겠지만, 자식들이 어느 정도 성장해서는 그림 대신 붓글씨 공부를 하게 되었다. 직접 붓글씨 공부를 해보니 1시간을 채 넘기지 못하고 팔다리가 쑤셔왔다. 옛날 밤늦도록 거의 매일 쉼 없이 붓글씨 연습을 하시던 아버지 생각에 정신을 가다듬었던 적이 한두 번이 아니다. 늦은 나이에 붓글씨에 입문하여 국선에 입선하였는데, 아버지가 살아 계셨다면 매우 기뻐하시며 의미심장한 어떤 글귀를 독특한 서체로 써 주셨을 것이다.

나는 오늘도 아버지와 나란히 앉아서 함께 붓글씨 연습을 하는 꿈을 꾸고 있다.

에피소드 3(한연수)

나는 20대 시절에 8년간을 열심히 판소리를 배워서 부산민속국악대회에 나갔다. 창을 할 때면 한 손에 합죽선을 들고 소리를 하다가 결정적인 대목에 가서 부채를 쫙 펴고 접는 장면이 나온다. 나도 부채를 갖고 싶다고 아버지께 부탁을 드렸다. 아버지는 두말

없이 동래부사 송상현의 글귀를 합죽선에 써주셨다. 합죽선이 자르르하니 잘 펴지라고 며칠을 새 부채 살에 초칠을 해가며 쫙 소리가 명쾌하게 나도록 폈다가 오므렸다 연습을 하였다. 그런데 정작 대회에 나가서는 긴장한 탓인지 심청이 인당수에 빠지는 대목까지 부채 한번 펴보지도 못한 채 다 불러버리고 말았다.

지금은 세월의 무게를 이기지 못한 부채살이 다 삭아서 화선지의 글만 떼어 내어 액자에 넣고 거실 중앙에 소중히 걸어두고 있다. 지금도 송상현 부사의 글을 볼 때마다 다정했던 아버지에 대한 생각과 대회에서 부채 한 번 펴보지 못해 죄송하고 아쉬웠던 그때의 시절이 떠오른다.

이국땅에서 생활하다 보면 부모님에 대한 생각이 더욱 간절하고 절실할 때가 많다. 아버지를 생각만 하여도 그립고 또 그립다. 다시 만나서 맛있는 음식도 해드리고, 좋아하셨던 소리도 이제는 멋지게 합죽선을 쫙쫙 펴가며 신명 나게 불러드릴 수 있을 것 같다. 나는 아버지가 너무도 보고 싶다.

어린 시절에 내가 무엇을 물어보든지 간에 아버지는 하시던 일을 멈추시고 자상하게 답을 해주시곤 하셨다. 중학교 시절의 어느 날 영어 교과서를 가져다 질문을 하였는데, 아버지는 책 전체의 단어와 읽기 및 해석을 상세하고 자상하게 내가 잠들 때까지 가르쳐 주셨다. 교재의 내용 중에서 통 속의 철학자로 알려진 디오게네스에 관한 지문이 있었다. 철학자 디오게네스의 평판을 듣고서 그리스 땅을 모두 정복한 무소불위의 알렉산더 대왕이 그를 찾아왔다. 대왕이 자신의 신분을 밝히며 원하는 바가 있으면 말해 보라고 철학자에게 물었다. 통 속에 앉아 볕을 쬐고 있던 디오게네스는 대왕에게 그늘이 지니 저쪽으로 비켜서 달라고 말했다. 아버지는 영어로 원문을 읽어주시고는 한국말로 아주 쉽게 정황을 파악할 수 있도록 설명을 해 주셨다. 그때 들었던 내용은 반백 년이 지났어도 여전히 생생하고 아름다운, 그리고 그립기 그지없는 추억의 한 대목으로 남아있다. 나이가 조금 들어 생각해보니 그 디오게네스와 아버지는 여러모로 아주 많이 닮아 있었다. 지금도 여전히 비가 새는 언덕배기 '하꼬방'의 부산 집이 그립고, 권위에 권세에 초연하셨던 모습도 그립다.

아버지는 바쁘신 중에도 어린 우리를 모아 중국 고전 이야기를 중국책으로 읽어주셨다. 한국말로 이야기를 옮겨주시면 우리들은 너무도 재미있어서 더해달라고 조르기도 하였다. 그럴 때면 싫은 표정 한번 없이 다음 이야기로 넘어가곤 했다.

아주 가끔은 중국식당에 요리 먹으러 갔던 기억이 난다. 중국 요리사가 우리 집에 와서 아버지와 한동안 중국말로 말씀을 나누시다 요리하여 함께 먹었던 일도 있었다.

늦은 저녁이면 온 식구가 노래 한 곡씩 녹음해서 함께 다시 듣기도 했고, 그때 다섯 살 막내 정수는 동화책을 줄줄 외워서 녹음하기도 했던 그립고 그리운 아버지와의 지난 시간이다.

평생의 반려자로 함께 살아가고 있는 남편은 아버지의 옛 부산대학교 동료 교수의 처남이다. 결혼 전에도 그랬지만, 결혼 이후 괌에서 생활하면서 아버지의 음덕을 나는 톡톡히 누렸다. 나는 아버지가 너무도 그립다.

에피소드 4(한태수)

아버지를 따라 초량의 중국 요릿집에 간 기억이 난다. 중국집 주인과 우리가 모르는 중국말로 서로 반가워하며 이야기를 하시고 자리로 돌아오시면, 이윽고 분명히 다른 테이블과는 뭔가 달라도 다른 중국음식이 나왔다.

시민관극장에서 우리들을 데리고 가서 "피노키오" 영화를 보여주셨던 일도 머리 속을 떠나지 않는다. 저녁 식사 후에는 동화책을 읽어주셨는데, "잭크와 콩나무" 그리고 중국고사 중에서 '어부지리'와 '새옹지마'에 대한 이야기를 들려주시던 아버지의 낭랑한 음성이 아직도 기억에 또렷하다.

늦은 밤 귀가하실 때면 우리들은 아버지 손을 보면서 일제히 "아부지 과자"라고 외쳐댔다. 그러면 늘 조그만 봉투에 과자를 꺼내 우리 손바닥에 올려 주시곤 하셨다.

우리가 성인이 다 될 때까지 해마다 크리스마스이브 밤이면 아버지와 어머니 두 분은 옆방에서 몰래 선물꾸러미 다섯 개를 똑같은 내용물로 채워 마루에 줄을 달아 주렁주렁 매달아 두셨다. 어릴 때는 진짜로 산타할아버지가 온 줄 알았고, 조금 더 커서도 여전히 설레는 마음으로 25일 크리스마스의 아침을 맞이하였다. 노르웨이 친구분에게 한글을 가르쳐 주셨던 몇 해 동안은 그분이 준 외제 사탕과 상투 초콜릿을 맛있게 먹었던 기억이 난다.

남들보다 한참을 늦게 대학에 응시하고 가족 모두 초조하게 합격 소식을 기다렸던 적이 있었다. 합격자 발표 당일에 아버지는 점심을 들고 계셨는데, 다행히 합격해 그 소식을 전해 드리자 식사를 중단하시고 곧바로 지필묵을 꺼내어 화선지에 '고목에 핀 매화'를 그려 주셨다. 나는 늦게 시작한 대학 생활에 매화 같은 아름다운 결실을 맺으라는 뜻으로 나름대로 해석하였고, 대학 생활 내내 그리고 그 이후에도 이 그림은 나와 함께 하고 있다. 아무리 때 늦은 시도라 할지라도 포기하지 않는 나의 인생관은 아버지의 '고목에 핀 매화' 그림 한 점으로 형성된 것이다.

1993년 1월 '북경중앙교향악단'이 KBS의 초청으로 부산에 공연차 내려왔다. 북경중앙교향악단 단원 중에는 50여 년 만에 재회한 아버지의 중국인 제자 2명이 포함되어 있었다. 이들이 한국에 도착하자마자 한유한 선생이 어디에 계시냐고 KBS 관계자에게 물어보았다고 한다. 그들 말로는 한국에 가면 누구에게 물어보아도 그 유명한 한유한 선생을 알 것이라고 생각했다고 한다. 그러나 기대와는 달리 매우 어렵게 아버지를 KBS의 도움으로 찾을 수 있었고, 부산 공연에 초대하여 옛 스승을 만나 볼 수 있었다. 공연에서 특히 비파 연주가 독특했으며, 피아노 협연도 좋았고 앵콜곡으로 연주한 '경기병 서곡'도 연주가 아주 좋았다. 연주회를 보시는 아버지의 모습에서 남다른 감회가 있음을 느낄 수 있었다. 조금 더 오래 사셨더라면 그동안 알려지지 않았던 중국에서의 음악과 연극 활동에 대한 많은 자료가 중국과의 관계진전으로 밝혀지지 않았을까 생각한다.

에피소드 5(한종수)

정년 퇴임식

조국광복을 위해서는 백만대군보다 민족적인 단결이 앞서야 하며, 민족의 정신무장을 위해서는 정신생활에 보다 자연스럽게 깊이 파고들 수 있는 음악·연극 등의 예술활동이 필요하다고 몸소 느끼신 아버지는 중국에서 음악을 전공하였으나 당신이 가장 좋아하시던 음악을 한국의 대학에서 가르치지 못하셨다. 몇 가지 사유가 있지 않았을까 생각되지만, 음악을 가르치시고픈 소망은 가슴 속에만 품고 계셔야 했다. 이런 소망은 정년퇴임식에서 얼핏 드러난 듯했다.

1975년 2월 28일에 20년간 교직을 마감하는 정년퇴임식이 있었는데 그때 수많은 동료 교수, 광복군 동지, 친지, 제자들로 식장 안은 붐볐다. 그동안 존경받았던 교육자로서 퇴임식장에서는 감사패와 공로패 등 상과 선물증정식이 있었다. 그리고 마지막 행사로 제자가 환송가를 불렀고, 아버지께서는 '압록강행진곡'을 부르시고는 휘파람 소리를 힘차게 내시며 식장 안의 내빈에게 고마움의 표시를 하였다. 이때 아버지의 노래는 내 평생 잊지 못할 것이다.

부산광복장학회

어느 때 광복군 동지회에서 가족 야유회를 간 적이 있었는데, 가족 소개와 흥겨운 여흥시간도 있었다. 그중에서 특히 학생들에게는 향후 서로 도우며 살아갈 수 있도록 공부를 열심히 하라는 아버지의 말씀이 기억에 남는다.

실제로 아버지는 독립유공자 유족들을 위하여 1979년 6월 15일에 부산광복장학회를 설립하셨다. "조국의 독립과 부강을 위해서는 오직 배우고 알아야 한다."라고 외치시며 광복운동에 헌신해 오셨던 아버지는 일제의 혹독한 탄압과 비통한 망명 생활 속에서 애국지사들의 가족들이 파경을 맞이하고 그 후손들이 처참한 암흑 속에서 배움의 길을 박탈당하고 가난하고 무지한 자손으로 전락되는 것을 많이 보셨다. 이렇듯 부산광복장학회가 만들어진데는 "독립운동가 집안은 3대가 못산다."라는 속설을 입증이라도 하듯 많은 선각자의 후예들이 음지에서 허리를 못 펴고 살고 있는 현실에 대한 아버지의 안타까운 심정이 크게 작용했다. 아버지는 광복군 동지, 동료 교수, 제자들의 후원금과 주례를 서고 받은 돈까지 기금으로 조성해, 비록 넉넉하지는 못한 기금이긴 하지만 불우한 처지에서 면학의 기회를 얻기 힘든 애국지사들의 후예들에게 보탬이 되기를 기원하셨다. 물론 독립운동을 하시다가 순국하신 구국선열들을 추모하는 정신과 충혼도 잊지 않고자 하는 마음도 그 기금 속에 담으셨다.

가보-한 줌의 조국 흙과 명주 태극기

아버지가 물려준 값진 유산인 '한 줌의 조국 흙과 명주 태극기'는 대대로 물려줄 우리 집안의 가보이다. 이는 지금으로부터 80여 년 전 조부께서 증조부 부음 소식을 받고 급히 귀국할 당시 고급중학교 졸업반이던 아버지께 중국에 남아 학업을 계속하라고 말씀하시면서 주신 것이다. 그때 받은 한 줌의 흙과 명주 태극기를 아버지는 평생 매우 소중하게 간직하셨다.

망국의 해에 태어나신 아버지는 조국 없는 설움 속에서 반평생을 살아왔다. 그동안 방송된 자료에서도 당시 극히 우호적이고 동정적이던 중국인들도 걸핏하면 '망국노'라고 멸시했다고 한다.

조국 속에서 살다 보면 조국의 소중함과 고마움을 잊기 쉽다며 당신은 20여 년간 교단에 설 때마다 '태극기의 진리'를 입버릇처럼 되뇌이면서 "헌신 조국은 못 할망정 조국과 겨레에 해를 끼치는 존재가 되어서는 안 된다."라고 당부하셨다고 한다.

에피소드 6(한정수)

취학 전 어린 시절에는 서가에 수많은 중국책 중에서 재미있는 옛날이야기 책만을 용케도 골라내 아버지께 읽어 달라고 많이도 졸라댔다. 그때마다 단 한 번의 거절도 없이 내가 놀러 나가거나 잠들 때까지 읽어주셨다. 이순신 장군의 난중일기에 나오는 시도 취학 전에 아버지로부터 배웠다. 저녁 식사 후 도청(현재 동아대학교 부민동 캠퍼스)까지 산책을 하실 때면 따라나서 이런저런 재미난 얘기들을 참 많이 들었다.

추석이나 설날 때면 친척집 방문을 매년 거르지 않고 하셨다. 내가 대동병원 고모 댁을 아버지 따라 처음 갔을 때 어리어리한 대문과 개 짖는 소리에 잔뜩 주눅이 들었다. 당시로는 생소한 인터폰의 호출 벨까지는 간신히 누르기는 했는데, 스피커를 통해 들려오는 “누구세요?”라는 물음에 어찌할 바를 몰라 몹시 당황했다. 아버지는 이런 나의 모습을 보시고는 통 속의 철학자 디오게네스의 일화를 들려주셨다. 이렇게 아버지는 직설적인 훈계나 명령 등에 의한 강압적인 교육이 아니라 항상 비유를 통해 스스로 깨우치도록 우리를 키우셨다.

어느 날은 장기판을 사 오셔서 내게 가르쳐 주셨다. 게임 방법을 익힌 뒤 얼마 지나지 않아 아버지와 장기를 두어 내가 이기게 되었다. 그 뒤 몇 차례 더 장기를 두었으나 그때마다 내가 이겼다. 그때는 내가 무척 똑똑해서 아버지를 이겼다고 생각했는데, 철이 들 무렵이 되고서야 그런 게 아니었다는 것을 비로소 알게 되었다.

아버지를 따라 여름방학 때 부산대학교에 놀러 갔던 적이 있었다. 문리대 건물 안에서 화장실을 간다고 아버지 연구실에서 나왔다가 길을 잃고 한참을 헤맸다. 미리내 계곡에서 뚜꺼비 잡고 놀다가 아버지와 국문학과 박태권 교수와 함께 산을 넘어 걸어가 온

천을 했던 기억도 생생하다. 아버지가 돌아가시고 난 다음에 그때 그 문리대 건물에서 노문과 시간 강의를 하며 많은 생각을 했다. 그때 그 기억을 좇아서 이곳저곳을 들러 보았고, 사진으로 남아있는 2층 강의실 베란다에 나가 한참을 서 있어 보기도 했다. 생전에 직접 막내가 문리대 학생들에게 강의하는 모습을 보셨다면 참으로 좋아하셨을 것이다.

해군사관학교 교관으로 부임하기 전 군사훈련 기간에 일어난 일이다. 지옥에서 방금 톡 튀어나온 듯한 해병대 훈련관이 사관후보생들의 부친병력을 조사하였다. 무시무시한 훈련관이 열거한 모든 가능한 병력사항에 해당되지 않은 나는 일어나 "저의 부친은 광복군입니다."라고 말하였다가 훈련기간 내내 몹시도 시달렸다. 훈련관은 내가 겁도 없이 자기를 놀렸다고 생각했던 모양이다.

사춘기 반항 시절에 옆집 젊은 아저씨가 저녁 무렵 술이 잔뜩 취해 우리 집에 전화를 걸어 왔다. 자기 집사람을 바꿔 달라는 것인데, 술이 아주 엉망으로 취해서 "내가 누군지 아느냐!", "여기 서구청인데 말이야" 등의 말투로 아버지에게 잔뜩 위세를 부리며 말했다. 나는 아버지가 계신 2층과 연결된 1층의 전화로 모든 대화 내용을 다 듣고 있었다. 내가 분하고 억울한 마음을 간신히 누르며 듣고 있는데, 아버지는 전혀 미운 소리 한마디 없이 짧지 않은 통화를 마치셨다.

대학을 마치던 날 아버지는 서울로 올라오셨다. 그리고 나의 은사이신 폴란드 바르샤바 대학 교수 출신인 고직 교수와 처음으로 연구실에서 만나셨다. 한국어 구사가 그리 능숙치 못했던 고직 교수는 아버지와의 첫 만남에서 어떤 깊은 인상을 받았던지 아버지를 모시고 식사 대접도 하고 집에까지 모시고 가셨다. 후에 들은 이야기지만, 고직 교수는 한국에 와서 많은 지식인들과 유명인들을 만났으나 아버지처럼 쉽게 자기가 완전하게 다 알아들을 수 있는 말로 온갖 주제를 말한 이는 없었다고 한다. 당시에 두 분이 나누신 대화 속에서 나는 이범석 장군에게 아끼는 사냥개와 애마가 있었으며, 특히 폴란드 태생의 아름다운 애인이 있었다는 비화도 들을 수 있었다.

바이올린을 하는 지금의 아내가 결혼을 앞두고 인사를 하러 와서 아버지의 아주 오래 된, 그리고 줄이 2개 밖에 없던 바이올린으로 '압록강 행진곡'을 연주해 드리자 눈물을 흘리시며 매우 좋아하셨다.

* * *

주변의 어르신들로부터 듣거나 문서자료를 통해 혹은 직접 생활을 통해 겪은 아버지의 모습을 좇아서 살려고 무던히도 노력하였다. 하지만 지금도 여전히 아버지처럼 살기에는 턱없이 모자란다는 생각이 든다. 사과는 사과나무에서 멀지 않는다고들 하는데, 세월을 되돌릴 수만 있다면 다시금 아버지와 살면서 도저히 따라갈 수 없는 그 가벼움의 철학을 무겁고 진지하게 배워보고 싶다. 하지만 물리적 시간의 경계를 넘을 수 없는 인간으로서는 어찌할 도리가 없고, 또 역사는 중단됨으로써 비로소 역사가 된다고들 하지 않던가.

가족의 각 구성원이 말한 에피소드에서도 알 수 있듯이, 아버지는 당신의 자랑이나 과시 혹은 주장함이 없으셨다. 이제 와 생각해보면 아버지는 언제나 고요히 스스로를 드러내는 일이 없이 어디에도 있는 물과 같은 그런 삶을 사셨던 것 같다.

호두 잘그락대는 소리가 들리고, 파이프 담배의 구수한 냄새와 묵향이 아버지를 생각하며 글을 쓰는 이 방에 가득한 것 같다.

유족을 대표하여

장남 한종수

-부산근대역사관, 『먼구름 한형석의 생애와 독립운동』, 2006

연극인이 본 먼구름

민족예술에 혼 사른 영원한 연극인

서국영(부산연극학회장, 전 부산대교수)

1956년 부산대학교 본관 끝에 있는 교수휴게실에서 먼구름 한형석(韓亨錫, 1910~1996) 선생을 처음 만나 인사하게 됐는데 중국어를 담당하는 분이라고 들었다.

그런데 그는 이미 필자가 알고 있는 얼굴이었다. 어느 날 부산 광복동에 있는 보리수다방에서 창밖을 내다보았을 때 수많은 사람 중에 유독 눈에 띄는 사람이 있었다.

짙은 감색 코트에 흰 머플러를 두르고 베레모를 쓰고 파이프를 입에 물고 있었던, 그때 그분이었다.

이제 가까이 보니 실제 우리말이 조금 서툰 듯 했지만 얼굴에는 지성미가 풍겼다.

필자는 앞으로 학교휴게실에서 자주 만날 수 있을 것으로 은근히 기대했다.

그는 동래 태생이다.

부친은 일찍이 일본에서 의학전문학교를 마치고 귀국한 후 구국의 뜻을 품고 중국으로 건너간 한흥교(韓興教) 선생이었다.

먼구름은 1915년 다섯 살 때 어머니를 따라 중국에 가서 기초교육을 받고 계속 공부를 해 상하이 신화예술대학을 졸업했다.

1962년 가을 부산대 문과계 교수연구실 신관이 준공됐을 때 연구실이 부족해 일부는 하나의 연구실을 2명이 공동으로 사용하게 됐다.

1층 101호 연구실에서 당분간 필자와 먼구름이 함께 쓰게 된 인연으로 여러 전후담을 듣게 됐다. 중국에서 쓰던 아호 한유(韓悠)를 먼구름으로 바꾼 것도 이때였다.

먼구름은 중국 경극에 조예가 깊었다. 당시 민속학자 최상수(崔常壽) 선생이 먼구름을 경극 연구의 대가로 칭할 만큼 그의 경극 연사와 극작술에 대한 조예는 대단한 것이었다.

연극 연구에 심취해 있던 필자는 먼구름으로부터 중국의 고가극(古歌劇) 형성과 극리(劇埋)도 조금씩 알게 됐다.

1940년부터 5년간 이범석 장군과 항일 독립운동을 하다가 1948년 함께 귀국할 때 얽힌 이야기, 1953년 부산 서구 부용동 천마산 산복도로 위 변전소 뒤편 비탈밭에 세운 판자건물의 '자유아동문화원'에서 아동극장과 색동야학원을 2년간 운영한 이야기도 듣게 됐다.

또 부산 임시수도 시절 국립문화극장 건립과 관련된 일화도 들려주었다.

당시 국립극장 문제는 먼구름이 일찍부터 극장장의 임무를 맡고 추진했지만 건물 물색이 되자 않아 신창동의 보래관(寶來館)이라는 영화관을 개축해 사용했다.

유치진 선생이 추천한 박재성 작 〈산비둘기〉를 제1회 공연으로

할 예정으로 극장에 간판까지 올렸지만 뜻하지 않았던 화재로 공연은 취소되고 국립극장 추진도 무산됐다.

먼구름은 밖에서 줄곧 담배 파이프를 물고 있었다. 양초(佯草)와 풍년초를 섞어서 지니고 다녔다.

필자가 담배가 떨어졌다고 하면 언제든지 담배종이로 예쁘게 말아 주셨다. 이것을 받아 피운 사람은 필자만이 아니었다.

언제나 마음이 너그러워 먼구름의 성난 얼굴을 본 사람은 아무도 없다.

세상사 어려운 일을 호소하면 유연하게 돌아나가는 요령을 적절히 일러 주었다.

그러니 그와 만나는 것이 마냥 즐겁기만 했다.

이렇게 마음이 툭 트인 인품은 중국 대륙형이 분명했다.

어느 가을날 파이프를 입에 물고 광복동 거리를 지나갈 때의 이야기이다.

양담배 단속 시기여서 전매청 단속반이 양초의 고소한 냄새를 맡고 뒤따른 것을 눈치 챈 먼구름이 당당하게 어느 점포에 들러 유창한 중국어로 외국인 행세를 해 그 '추행자(追行子)'를 피해나가 동광동 단골주점 '골목집'에서 큰 웃음을 터뜨린 일은 먼구름의 비밀담이다.

부산이 직할시로 승격되는 1963년 예총 부산시지부(당시 한영교 지부장)는 한국 연극협회 부산시지부를 창설하면서 먼구름을 초대 지부장으로, 필자를 부지부장으로 지명했다.

당시 먼구름과 필자는 연극협회 간사회를 조직하는 한편 직속

단체로 '샛불극회'를 운영하면서 하유상 작, 이덕선 연출의 〈젊은 세대의 백서〉라는 작품을 왕자극장에서 성공적으로 공연했다.

그러나 계속 후속 활동이 있어야 하는데도 불구하고 먼구름은 대만 문화사범대학 교수로 떠났다.

당시 연극계는 소극장운동이 활발히 벌어지는 추세였다.

먼구름이 구축해 놓은 연극협회 부산시지부의 기반은 어지러워지고 소극장의 백화제방(百花齊放) 시대에 접어들게 됐다.

그 후 먼구름이 귀국해 소극장운동이 펼쳐지는 양상을 보고는 슬그머니 연극협회를 물러났다.

먼구름은 이후 동래야유를 앞세운 동래민속예술보존협회 육성에 앞장선다.

특히 1967년 3월 독일 하인리히 뤼브케 대동령 부산방문 환영행사 기획을 도맡아 성대하게 치러냈다.

당시 필자는 민속예술의 중요성을 인식하고 있었으므로 자연스럽게 먼구름의 동반자가 됐다.

이 같은 민족예술에 대한 관심과 연극에 대한 열정이 어우러져 먼구름은 1969년 정초에 '탈극 순절도(殉節圖)'라는 전체 6과장으로 된 창작본을 출간하게 됐다.

아쉽게도 아직까지 무대화되지 못한 이 창작본은 앞으로도 우리나라 탈극 무대화의 길잡이가 될 수 있을 뿐만 아니라 중국 경국에서 출발한 먼구름의 연극 연구가 우리나라 탈극으로 발전한 결과물이라고 할 수 있다.

이 창작본의 뒷면에는 그의 창작업적(1937~1941)이 게재돼 있는

데 다음과 같다.

어느 폴란드 예술가의 조국광복을 위한 지하운동을 내용으로 한 가극 '여나(麗娜)', 항일 가곡집 '승리만세', 항일 연극 '한국 용사', 항일 가극 '아리랑', 광복군가 '조국행진' '압록강행진곡' '국기가' '총 어깨 메고' '항일광복군가', 항일 아동가극 '승리무곡', 아동시극 '하일대(下一代)', 아동극 '소산양(小山羊)' 등이다.

먼구름은 독특한 서체의 붓글씨로도 유명했다.

중국류의 서체라는 평가도 있었지만 필자가 보기에는 먼구름 자신의 창제(創製)라고 보는 것이 옳을 것 같다.

대부분 한자 글씨지만 한글체도 상당수 있기 때문이다.

먼구름의 자취가 닿은 곳에는 더러 그의 글씨가 남아 있겠지만 지금도 동광동에 있는 멋쟁이들의 휴식처 부산포(옛 골목집)에는 '그냥 갈 수 없잖아'라는 먼구름의 글 액자가 있다.

먼구름은 심기가 좋은 때면 지난날을 회생해서인지 '이 광복군 노병(老兵)은 살아 있다'고 외쳤는데, 어느덧 노병(老病)에 잡혀 우리 곁을 떠난 그가 몹시도 그립다.

그의 인생과 예술에 대한 열정이 녹아 있는 휘파람 소리가 아직도 귀에 생생하다.

-〈부산일보〉(2020. 10. 18.)

4
한흥교 선생 일본 유학 시절 잡지 기고문

愛國歌

挽洋生 韓興教

正夜半靜寂間에 快看大韓學報壹編ᄒᆞ고 滿腔熱血이 益益沸騰타가 不勝慷慨之懷ᄒᆞ야 拍案大叫ᄒᆞ니 其 歌에 曰

呀! 우리 二千萬 兄弟姉妹들아, 愛로만 愛로 ᄒᆞ세 大韓帝國을 回顧ᄒᆞ라. 져 宇宙間 動植物도 愛로벼 棲ᄒᆞ고 愛로벼 生ᄒᆞ네. 其中에 靈秀ᄒᆞ단 우리 人類야, 壯ᄒᆞ다 져 愛一字를 忘却ᄒᆞᆯ가. 愛업스면 同胞가 셔로 賊ᄒᆞ고, 同胞가 賊ᄒᆞ면 國家도 亡ᄒᆞ네. 呀! 우리 二千萬 兄弟姉妹들아, 愛로만 愛로 ᄒᆞ세. 大韓帝國을 版圖가 偏小타 일으지를 말나. 鷄林 十三道 江山이 恢恢ᄒᆞ고, 歷史가 不古타 일으지를 말나. 檀君 四千年 基業이 堂堂ᄒᆞ다. 江山이 美ᄒᆞ고 基業이 久ᄒᆞ나, 愛업스면 무엇스로 保守ᄒᆞᆯ가. 呀! 우리 二千萬 兄弟姉妹들아, 愛로만 愛로 ᄒᆞ세. 大韓帝國을 忠義心 업

다고 일으지를 말나. 桂庭竹勉菴虹은 萬古에 놉고, 團體力 업다고〈49〉일너지를 말나. 大韓會共立會는 外洋에 셧네. 忠義心 團體力도 愛붓터나니, 愛업스면 뉘로 흠씌 進步흘가. 呀! 우리 二千萬 兄弟姊妹들아, 愛로만 愛로 ᄒᆞ세. 大韓帝國을 우리 半島江山 愛國同胞들아, 愛로뼈 生ᄒᆞ고 愛로뼈 死ᄒᆞ면 合衆國 自由도 此中에 在ᄒᆞ고, 伊太利 獨立도 此 中에 在ᄒᆞ지, 獨立自由과 維持만 ᄒᆞ얏스면, 同一ᄒᆞᆫ 天下에 뉘가 侮余할가 呀! 우리 二千萬 兄弟姊妹들아, 愛로만 愛로 ᄒᆞ세 大韓帝國을.

-『대한학회월보』 제2호(1908. 3. 25.)

我韓 今日은 卽 師範時代

韓興教

蓋 師範者는 以模範的 事業으로 爲師百世ᄒᆞ야 開牖後進者之謂也니 換而言之 則 如指今日歐米文明國之先進輩也라.

今焉驟看我韓之現象컨ᄃᆡ 社會風潮가 日益震盪에 士有教育家 法律家ᄒᆞ야 學校焉會團焉稍稍創立ᄒᆞ며 農有農事模範場ᄒᆞ야 技師焉技手焉種種出張ᄒᆞ며 工有活版所織組所ᄒᆞ야 書籍焉紬布焉多數産出ᄒᆞ며 商有各銀行會社ᄒᆞ야 貨幣焉物品焉通其有無ᄒᆞ니 所謂 四民之業이 庶幾具備나 然이ᄂᆞ 其 內容之不完

全不成樣을 明若觀火니 此時 此境이 豈 非志士之遺憾哉아. 以今之狀態로 試問于諸家 則 必曰 徒緣財政之不贍而然也리니 何其誤解之甚乎아.

昔 英人 왓터는 以鐵工場雇人으로 多年實驗之結果가 爲蒸汽發明家之師範ᄒᆞ고 同國人 뉴톤은 以貧家出身으로 數十年 硏究之餘蘊이 爲地球引力發明家之師範ᄒᆞ고 米人 후른커린은 以活版所助手로 徹夜强勉之成績이 終爲電氣發明家之師範ᄒᆞ며 其外 多數發明家流도 擧自貧寒困窮中出來者也니 推此觀之면 誰云財不贍而未能硏究哉리오. 一言以決之된 將來 我韓之興替는 亶在乎今日諸事業家經綸之善否也니 何者오 種善因然後에 得善果는 理之自然 則 無士 無農 無工 無商히 皆以吾之事業으로 思爲百世師範之目的ᄒᆞ야 父以是傳之子ᄒᆞ고 子以是傳之孫 則畢竟 爲大發明家는 不待豫言者而明矣니 嗚呼 我二千萬 弟兄이 幸 以是爲個個目的이면 爾後 我韓之文明은 可胎于今日也夫ㄴ뎌.

-『대한학회월보』 제3호(1908. 4. 25.)

心理學의 精要

韓興敎

大凡 人生이 世間에 棲息홀시 動物의 靈長이 됨은 흔갓 心性의 高尙홈을 謂홈이니 人이오 엇지 心理의 如何홈을 不究흐리오. 心이란 個個人의 常에 働作흐는 바로되 往往히 그 眞理에 全昧흐니 此는 곳 食흐여도 其昧를 不知홈과 無異홈으로 〈24〉 玆에 余의 休暇를 利用흐야 學校授業中岡野文學士講義의 煩劇홈을 袪흐고 簡單홈을 取흐야 間도 己意도 添附흐야 讀者僉彦의계 供覽흐노라.

第一章 心理學의 對象及範圍

心理學이란 心을 硏究흐는 學問인디 心에 各種의 區別이 有홈에 或 宗敎上으로 論홈도 得흐나 今에 心理學上으로 論흐건디 吾人이 梅花를 對흐야 其色을 見홈과 其臭를 嗅홈과 其 物體를 觸홈이 모다 心理의 作用으로 出홈인즉 곳 五官의 感應에 不外흐니라. 쏘흔 某處의 梅花를 想像中으로 思見홈과 其美를 感흐는 것을 意識이라 云흐니라. 그러면 心理學이른 다맛 心上으로 生흐는 意識의 狀態를 記述흐야 說明흐는 學問이라 云홀지라 故로(心體는 未詳)心相과 心用의 如何홈을 硏究흐는 것이니 然則 宇宙間 如何흔 事에 對흐야 吾人이 如何히 硏究홀 것은 모다 意識에 出現홈에 不外흐니라. 假令「花를 見흔다」흐면 花는 外

在性에 屬ᄒᆞ고 見홈은 負擔者가 되ᄂᆞᆫ 고로 吾人의 經驗上으로써 兩方向의 區別이 有ᄒᆞ니

(一)客觀的 方向 此ᄂᆞᆫ 衆人의 精神作用이니 物의 外在性에 屬ᄒᆞ니라.

(二)主觀的 方向 此ᄂᆞᆫ 自己一人의 精神作用이니 主의 負擔者에 屬ᄒᆞ니라.

第二章 心理學의 硏究法

몬쳐 意識狀態ᄅᆞᆯ 硏究ᄒᆞᄂᆞᆫᄃᆡ 及ᄒᆞ야 二大區分이 有ᄒᆞ니

(一)內省的 方法 吾人이 心의 存홈은 自己만 知ᄒᆞ고 意識狀態의 根本이 自已意識上에 果然 有無ᄒᆞᆫ지ᄂᆞᆫ 不知ᄒᆞ나 다못 其人의 實驗을 經ᄒᆞᆫ 後 비로소 知得ᄒᆞ니라. ᄯᅩᄒᆞᆫ 意識現象을 見ᄒᆞ기ᄂᆞᆫ 外界(身體以外)現象과 異ᄒᆞ야 〈25〉 經驗키 不能ᄒᆞ고 그 眞象은 見ᄒᆞ기도 困難ᄒᆞ니라. 其他ᄂᆞᆫ 吾人의 心에 具備ᄒᆞᆫ 性質인ᄃᆡ 種種의 變化(境遇, 事情)로써 見ᄒᆞ고 知키 得ᄒᆞ니라. 大抵 複雜ᄒᆞᆫ 事情은 本來 內省으로 從ᄒᆞ야 確然 思得ᄒᆞᄂᆞᆫ 고로 內省法을 硏究ᄒᆞᄂᆞᆫ 手段으로써 次에 實驗法을 設ᄒᆞ니라.

(二)實驗的 方法 此法은 十九世紀에 수키립틔푸氏의 쳐을 硏究홈이라 從來人의 精神現象을 測定키 不得ᄒᆞ엿스나 今日 硏究上으로 吾人이 意識現象을 測定ᄒᆞᄂᆞᆫᄃᆡ 從ᄒᆞ야 精神現象도 測定키 能ᄒᆞ나 直接으로ᄂᆞᆫ 不得ᄒᆞ고 다맛 間接으로만 得ᄒᆞ니라. 此法을 다시 二種에 分ᄒᆞ면 左와 如홈.

(A)如斯ᄒᆞᆫ 實驗範圍가 極히 廣홈으로 五官의 關係ᄅᆞᆯ 有ᄒᆞᆫ 것은 硏究키 易ᄒᆞ나 其外 複雜홈은 實驗키 難ᄒᆞ니라.

(B)各種 實驗場에 臨ᄒᆞ야 精神狀態ᄅᆞᆯ 硏究키 能ᄒᆞ니라.

이런고로 實驗이ᄅᆞᆫ 內省에 不備ᄒᆞᆫ 것은 不得ᄒᆞᆷ이라. 以上 述ᄒᆞᆫ 바ᄂᆞᆫ 吾人 自己의 意識을 收集ᄒᆞ야 二方法에 分ᄒᆞᆷ이오 其他 人의 事情 업ᄂᆞᆫᄃᆡ 觀察ᄒᆞ기ᄂᆞᆫ 特別ᄒᆞᆫ 硏究ᄅᆞᆯ 要ᄒᆞ나니라. 心理學에ᄂᆞᆫ 各種의 分派가 有ᄒᆞ니 곳 左와 如ᄒᆞᆷ.

(甲)異態變化ᄅᆞᆫ 精神上으로 從ᄒᆞ야 心理學上에 硏究ᄒᆞᆷ인고로 此ᄅᆞᆯ 變態의 硏究라 稱ᄒᆞ니라.

(乙)精神發達의 次序 곳 兒童心理學 比較心理學

(丙)文學, 美術, 歷史, 宗教, 儀式 等을 謂ᄒᆞᆷ이니 此로 由ᄒᆞ야 古今의 사실을 募集한 學을 民族心理學 或 社會心理學이라 名ᄒᆞ니라.(此ᄂᆞᆫ 極히 複雜ᄒᆞᆫ고로 省略ᄒᆞᆷ)

第三章 意識 〈26〉

意識의 如何ᄒᆞᆫ 關係ᄂᆞᆫ 上頂에 已述ᄒᆞᆷ과 如ᄒᆞ나 그 在所ᄅᆞᆯ 詳察ᄒᆞ견ᄃᆡ 各種의 狀態ᄅᆞᆯ 呈ᄒᆞ니 此ᄅᆞᆯ 感覺이라 云ᄒᆞ고 此 感覺을 因ᄒᆞ야 事物의 異同ᄒᆞᆫ 關係ᄅᆞᆯ 詳細히 識別ᄒᆞᄂᆞᆫ 作用을 認識이라 云ᄒᆞ고 ᄯᅩᄒᆞᆫ 同一ᄒᆞᆫ 事物에 對ᄒᆞ야 그 深淺을 知別ᄒᆞᄂᆞᆫ 作用을 感情이라 云ᄒᆞ고 某處에 往코져 ᄒᆞᄂᆞᆫ 것과 某物을 見코져 ᄒᆞᄂᆞᆫ 것을 意思라 云ᄒᆞ니라. 以上三者(感覺과 認識은 大同小異ᄒᆞᆷ으로 一노 示ᄒᆞᆷ)ᄂᆞᆫ 心의 特異ᄒᆞᆫ 動作으로ᄲᅧ 不可不離ᄒᆞᆷ이니라.

大概 意識의 狀態 무릇 意識의 意識됨이 刺戟(衝激의 意)을 因ᄒᆞ야 感ᄒᆞ나니 ᄭᅩᆺ 人의 五官의 觸ᄒᆞᆫ 바ᄅᆞᆯ 謂ᄒᆞᆷ과 如하니 이러므로 意識의 內容이 漸漸 變化ᄒᆞ야 生ᄒᆞᆷ인즉 假令, 淵에 臨ᄒᆞ야

魚를 羨하는 狀態를 意識의 流라 稱하고 그 各部分을 連絡홈은 換言ᄒᆞ면 意識의 傳達(通報의 意)을 營홈을 精神作用의 連絡이라 稱하고 또ᄒᆞᆫ 一邊으로 思하면 或 一定ᄒᆞᆫ 精神의 現象은 各部分으로 生하는 關係를 意識의 繼續이라 稱ᄒᆞ고 其他며 又 或 一定ᄒᆞᆫ 部分으로 意識現象을 總括ᄒᆞ야 意識의 面이라 稱하니라. 斯와 如히 意識의 內容은 橫으로든지 縱으로든지 非常히 變化ᄒᆞ는 것인고로 同一ᄒᆞᆫ 意識의 內容이 某 時間內의 連續ᄒᆞᆯ때는 遙遙히 意識을 追究하나니 이는 곳 睡眠의 狀態라 然ᄒᆞᆫ 故로 意識의 出現ᄒᆞᆯ 때는 恒常 身體의 腦髓와 神經의 變化로 伴行ᄒᆞ니라. 今에 外界의 知覺을 論ᄒᆞ면 物理的 或 化學的 變化가 末梢神經의 作用을 要홈에 此 神經의 變化가 그 作用을 大腦皮質에 傳ᄒᆞ면 此와 同時에 意識의 變化가 出現하나니 斯와 如히 末梢神經으로 起ᄒᆞ는 變化를 形成케 하는 것을 刺戟이라 ᄒᆞ나니 此 刺戟의 起홈으로 由ᄒᆞ야 意識의 內容變化가 生ᄒᆞ나 然이나 此等神經의 變動은 〈27〉 곳 悥精神現象이라 謂키 不能ᄒᆞ니 如何오 ᄒᆞ면 神經의 變動은 空間的으로 生ᄒᆞᆫ 것인즉 곳 意識의 變化가 되니라. 或, 時를 從ᄒᆞ야 腦髓에셔는 多大ᄒᆞᆫ 影響과 刺戟을 起ᄒᆞ되 吾人의 精神現象에는 出現치 아니ᄒᆞᆫ고로 外界의 刺戟이 意識面에 變化를 生ᄒᆞᆯ때 반다시 或은 强度를 有ᄒᆞ니 그 强度以下의 刺戟 假令 大腦에는 變化잇서도 意識에는 變化업는 것을 云홈이라. 此와 如히 最初에 意識變化를 生ᄒᆞ는 境界를 意識閾이라 稱ᄒᆞ나니 如何ᄒᆞᆫ 强度가 쳐음으로 刺戟에 出現ᄒᆞ는 것은 個人의 身體組織과 精神狀態로 隨ᄒᆞ야 異홈이오. 決코 同一

치 아니ᄒᆞ니라. 이제 極히 靜寂ᄒᆞᆯ 째 手端의 重이 一千分의 二 或 至一千分의 五瓦（거람）되ᄂᆞᆫ 것을 感知키 難ᄒᆞ거니와 그 以上은 特異히 感ᄒᆞ니라.(此ᄂᆞᆫ 實驗法)斯와 如ᄒᆞᆫ 結果ᄂᆞᆫ 吾人의 意識의 輕重程度란 表ᄒᆞᆷ이오. 常에 新陳代謝ᄅᆞᆯ 因ᄒᆞ야 暫時 前狀態와 暫時 后狀態가 大段 差異ᄅᆞᆯ 生ᄒᆞ나 然이나 一回라도 吾人의 意識에 觸ᄒᆞᆫ 일은 全히 消滅치 아니ᄒᆞ고 或은 機會ᄅᆞᆯ 得ᄒᆞ면 再次 前日狀態가 現ᄒᆞ나니 假令, 腦髓에든지 何處에든지 吾人의 精神잇ᄂᆞᆫ 部分에 歸ᄒᆞᆷ인즉, ᄒᆞᆫ 五年 或 十年前에 一次 實見ᄒᆞᆫ 物體ᄅᆞᆯ 其后에 全히 見치 아니ᄒᆞ여도 或 夢中에 現ᄒᆞᄂᆞᆫ 일이 有ᄒᆞ니 此ᄂᆞᆫ 其時狀態가 吾人의 感覺으로 由ᄒᆞ야 某機會ᄅᆞᆯ 待ᄒᆞᆷ이오. 意識面에 無ᄒᆞ여도 畢竟 非常ᄒᆞᆫ 影響을 及ᄒᆞᆷ에 至ᄒᆞ야 精神의 何處에든지 殘留ᄒᆞᆫ 일이 意識面下에 隱ᄒᆞᆷ이니 此를 意識面下活動 或 潛在活動이라 稱ᄒᆞ고 意識面에 現ᄒᆞᄂᆞᆫ 狀態를 顯在活動이라 稱ᄒᆞ니라.

第四章 注意

注意란 意識의 或은 現象에 意識의 力을 集注ᄒᆞᆫ 것으로 假想ᄒᆞ니라. 此에 三種의 區別이 有ᄒᆞ니 〈28〉 左와 如ᄒᆞᆷ.

（一）强迫的 注意ᄅᆞᆫ 自己가 主意코져 아니ᄒᆞ여도 自然注意ᄅᆞᆯ 惹起ᄒᆞᄂᆞᆫ 일 假令, 强度의 大ᄒᆞᆫ 刺戟에 基因된 感覺, 利害關係의 大ᄒᆞᆫ 觀念을 謂ᄒᆞᆷ이라.

（二）任意注意ᄅᆞᆫ 自已가 모림직이 任意로 ᄒᆞᄂᆞᆫ 일이니 곳 意識 中에 有ᄒᆞᆫ 或은 現象에 對ᄒᆞ야 或은 意識의 力을 集合ᄒᆞᄂᆞᆫ 일을 謂ᄒᆞᆷ이라.

（三）第二次 强迫注意已 根本은 强迫注意와 밋 任意注意가 되엿스나 或은 時間內에 注意의 中心이 되여 맛츰 不知不覺 中으로 人이 自然히 注意ᄒᆞ게 됨을 謂홈이라.

元來 或은 刺戟이 意識面에 現홀 ᄯᅢ는 이의 吾人의 意識이 그 方向에 牽引ᄒᆞᆫ 바되니라. 上項에 述ᄒᆞᆫ바 意識 閾은 온갓 境遇에 同等홈이 아니오. 其와 對稱된 刺戟이 有ᄒᆞ면 或은 變化가 吾人의 意識에 出現ᄒᆞ나니 換言ᄒᆞ면 意識閾은 感受性에 不外ᄒᆞ니라. 이럿타시 意識의 예넬기의 集合홈이 곳 注意가 不良ᄒᆞ면 意識의 感受性이 졷챠 低下ᄒᆞ는 故로 吾人이 預히 如許ᄒᆞᆫ 事項이 起ᄒᆞ리라 思ᄒᆞ야 其點에만 注意ᄒᆞ면 大段 感覺키 易ᄒᆞ니라. 斯와 如히 某 事項에 注意ᄒᆞ야 感受性을 銳敏케홈을 豫期라 ᄒᆞ고 ᄯᅩ는 注意에 現ᄒᆞ는 感覺이 漸次 强度의 弱홈에 及ᄒᆞ얀 極히 低下ᄒᆞᆫ 聲音이라도 聽키 能ᄒᆞ나니 此ᄅᆞᆯ 豫期的 注意라 云ᄒᆞ니라. 然ᄒᆞᆫ즉 吾人이 常에 某點에 就ᄒᆞ야 注意ᄒᆞ면 如何히 微細ᄒᆞᆫ 事實에 當ᄒᆞ여도 注意ᄅᆞᆯ 惹起ᄒᆞ나니 初에 强迫注意로 由ᄒᆞ야 刺意의 程度가 非常히 大ᄒᆞ거나 或 利害의 關係가 非常히 大홀 ᄯᅢ는 自己가 其點에 注意코저 아니ᄒᆞ여도 不得已ᄒᆞᆫ 境遇가 有ᄒᆞ며 ᄯᅩᄒᆞᆫ 或 强迫的 注意ᄅᆞᆯ 因ᄒᆞ야 一事外他事에 注意키 不能ᄒᆞ는 일이 〈29〉 有ᄒᆞ니 假令, 人이 隣家에 失火홈을 聞ᄒᆞ고 徒跣으로 急急히 往救홀제 其足이 石에 觸傷ᄒᆞ야도 感치 아니홈과 如ᄒᆞ니라. 이러므로 吾人이 常에 注意하면 感受性이 敏ᄒᆞ고 不注意ᄒᆞ면 感受性이 鈍ᄒᆞ며 ᄯᅩᄒᆞᆫ 注意가 或은 一方面에만 傾沒홀 ᄯᅢ는 더욱 鈍ᄒᆞ나니라.

以上은 總論의 大要나 各論에 就ᄒᆞ야 敍述키 不遑ᄒᆞ노라.

-『대한학회월보』 제4호(1908. 5. 25.)

宇宙의 大홈도 合ᄒᆞ면 一體를 成홈

韓興敎

余의 淺見을 不顧ᄒᆞ고 此題를 特揭홈이 或 荒唐ᄒᆞᆫ 說에 似近ᄒᆞ나 實노 宇宙間 現象의 自然ᄒᆞᆫ 構造로 人의 一體에 比較ᄒᆞ야 假設도 間播홀진즉 不可不 實徵을 缺키 難ᄒᆞ야 最初에 天文學上 星雲說을 擧ᄒᆞ고 其次에 醫學上 關係로 附述ᄒᆞ야 讀者僉彦의 眼孔을 濶開케 홀ᄲᅮᆫ 不是라 此에 對ᄒᆞ야 國民的 團合心도 感發케 ᄒᆞ노라.

宇宙ᄂᆞᆫ 何를 謂홈이뇨 或曰 天地와 同一ᄒᆞᆫ 意味라 ᄒᆞᄂᆞ 決코 不然ᄒᆞ니 此를 容易히 說明ᄒᆞ랴면 곳 千字文 第一章에 天地玄黃, 宇宙洪荒이라ᄒᆞᄂᆞᆫ 義와 如히 天地ᄂᆞᆫ 다맛 吾人의 恒常 觸見ᄒᆞᄂᆞᆫ 바 靑空과 地球를 謂홈이니 곳 宇宙의 一部分에 屬ᄒᆞ고 宇宙ᄂᆞᆫ 實노 吾人와 理想中으로 出束ᄒᆞᆫ 者이ᄂᆞ 浩浩蕩蕩ᄒᆞ야 望ᄒᆞ여도 際涯가 無ᄒᆞ고 洪洪荒荒ᄒᆞ야 去ᄒᆞ여도 止接홀 ᄯᅴ 無ᄒᆞᄂᆞ니 今日 天文學上으로 觀ᄒᆞ면 곳 太陽系를 指홈이라.「此 太陽系의 成立된 〈52〉 原因은 쳐음 非常히 高熱을 有ᄒᆞᆫ 一團의 瓦斯

(가수)體로붓터 成ᄒᆞ야 西로ᄡᅧ 東을 向ᄒᆞ야 自轉ᄒᆞᄂᆞᆫ 것이러니 그 一部分은 遠心力으로 分離ᄒᆞ야 帶狀의 環子를 作ᄒᆞ엿다가 漸次 熱을 空間에 放散ᄒᆞᆷ에 及ᄒᆞ얀 그 中央의 主團은 太陽이 되고 分離ᄒᆞᆫ 環子ᄂᆞᆫ 遊星이 된지라. 然則 遊星의 初期ᄂᆞᆫ 瓦斯體로ᄡᅧ 次에 液體가 되고 其后, 表面에 薄膜을 生ᄒᆞ야 次第로 厚에 及ᄒᆞᆷ에 드듸여 堅固ᄒᆞᆫ 地殼을 成ᄒᆞᆷ에 至ᄒᆞᆷ인즉 我地球도 如斯ᄒᆞᆫ 狀態로 成ᄒᆞ니라.

(以上은 星雲說)

大蓋 此 太陽系의 裝置는 吾人의 學問上으로 觀ᄒᆞᆫ 바 一個의 太陽(恒星)과 八個의 大遊星 곳 水星, 金星, 地球星, 火星, 木星, 土星, 天王星, 海王星(太陽에 近ᄒᆞᆷ으로ᄡᅥ 數擧ᄒᆞᆷ)과 若干 彗星(尾星)及 無數의 隕石(流星)으로 成ᄒᆞᆷ인ᄃᆡ 最中, 太陽의 大ᄒᆞᆷ은 諸遊星을 統合ᄒᆞᆫ 것보담 大ᄒᆞᆷ이 五百倍, 地球보담 大ᄒᆞᆷ이 百三十萬倍나 되며 月이란 我地球의 周圍ᄅᆞᆯ 廻轉ᄒᆞᄂᆞᆫ 一小星인고로 此ᄅᆞᆯ 衛星이라 稱ᄒᆞ고 其他 太陽의 遠距離에 在ᄒᆞᆫ 五大遊星도 各一個 以上의 月과 如ᄒᆞᆫ 小星을 共有ᄒᆞ니라. 以上 諸天體ᄅᆞᆯ 包含ᄒᆞᆫ, 져 宇宙의 大ᄒᆞᆷ이여, 참 至大無外라 可謂ᄒᆞ리로다. 今에 宇宙의 現象을 擧ᄒᆞ야 人體에 比較ᄒᆞ견ᄃᆡ 太陽을 除ᄒᆞᆫ 外 諸天體ᄂᆞᆫ 모다 太陽을 中必삼고 活動的으로 輪轉ᄒᆞ고 大氣로 呼吸ᄒᆞ며 日月은 兩目과 如ᄒᆞ야 萬物을 明觀ᄒᆞ고 ᄋᆡ썬은 神經과 如ᄒᆞ야 五官을 感應ᄒᆞ며 怒ᄒᆞ면 雷電되야 江山을 震擊ᄒᆞ고 喜ᄒᆞ면 雨露되야 萬物을 潤生ᄒᆞ며 嚴肅ᄒᆞᆯ셕 霜雪되야 人心을 驚動ᄒᆞ고 愁哀ᄒᆞᆯ셕 風雲되야 虛空을 變作ᄒᆞᄂᆞᆫ 能力이 有ᄒᆞᆷ

이오 次에 吾人의 地球는 宇宙의 一小部分에 不過ᄒᆞ니 곳 一手의 大흠과 如흠에 〈53〉 五洲는 五指되고 우리 人生의 一體는 ᄒᆞᆫ갓 幾萬倍되는 顯微鏡 下에 一個細胞에 無加ᄒᆞᆯ지라.(以上은 假說)

그러나 人으로써 宇宙ᄅᆞᆯ 回顧ᄒᆞ건ᄃᆡ 頭는 日月을 戴ᄒᆞ고 足은 地球를 踏ᄒᆞ야 恢恢 宇宙間에 磊磊落落ᄒᆞᆫ 英雄豪傑과 濟濟彬彬ᄒᆞᆫ 名家達士가 世世種出ᄒᆞ야 如許히 大ᄒᆞᆫ 宇宙ᄅᆞᆯ 理想中 一物노 作ᄒᆞ기는 오직 人類ᄲᅮᆫ이니 統ᄒᆞ야 言ᄒᆞᆯ딘ᄃᆡ 宇宙가 人類의 活動이 無ᄒᆞ면 滅亡ᄒᆞ고 身體가 細胞의 活動이 無ᄒᆞ면 死沒ᄒᆞ리라 ᄒᆞ노라.

-『대한학회월보』 제4호(1908. 5. 25.)

政治上으로 觀ᄒᆞᆫ 黃白人種의 地位(「라인시」氏 略述)

韓興教 譯

第一. 民族主義의 發達

十九世紀末에 國際關係ᄅᆞᆯ 支配ᄒᆞ는 政策의 特徵은 民族主義가 著大ᄒᆞᆫ 勢力을 現出ᄒᆞᆫ 이것이라. 民族主義라 흠은 各民族間의 特性을 發揮ᄒᆞ야 그 政治的 生活을 完全케 ᄒᆞ고져 ᄒᆞ는 思想인ᄃᆡ 中古의 世界統一主義에 代ᄒᆞ야 近代政治의 權衡이 되

니라. 勿論 十九世紀의 後半에 至ᄒᆞ야 四海同胞의 思想은 平和主義의 講師에 依ᄒᆞ야 熱心으로 主張ᄒᆞᆷ이오 또ᄒᆞᆫ 事實上으로도 人類全體의 幸福을 爲ᄒᆞ야 民族異同을 不問ᄒᆞ고 協同一致의 努力으로써 營ᄒᆞᆫ 平和事業이 不少ᄒᆞ나, 그러나, 가장 國際問題를 解決ᄒᆞᆯ 것은 四海同胞의 理想이 아니오 狹隘ᄒᆞᆫ 民族主義니라. 此 民族主義ᄂᆞᆫ 國際政治의 發展과 ᄒᆞᆷ계 次第로 誇張되야 ᄒᆞᆫ갓 民族的 特性을 發揮ᄒᆞ라 努力ᄒᆞᆷ에 不止ᄒᆞ고 〈48〉 他民族間에 存ᄒᆞᆫ 事物을 總히 非文明으로 認ᄒᆞ고 此를 排斥ᄒᆞᄂᆞᆫ 傾向을 生ᄒᆞ며 國家ᄂᆞᆫ 그 習慣과 法律의 力에 依ᄒᆞ야 그 特性을 絶對的 維持코져 ᄒᆞᄂᆞᆫ 方針을 執ᄒᆞᄂᆞᆫᄃᆡ 至ᄒᆞ고 從ᄒᆞ야 外交政略에셔도 他國의 心事를 往往히 誤解ᄒᆞ야 各民族이 各各新文明의 維持者로써 自任ᄒᆞᄂᆞ니 徒然히 政治上으로만 然ᄒᆞᆯ ᄲᅮᆫ 아니라 世界的 性質을 有ᄒᆞᆫ 美術, 文學, 科學上으로도 또ᄒᆞᆫ 民族的 傾向을 現示ᄒᆞ고 그 製作物에셔도 漸漸各民族의 特性을 表出ᄒᆞᄂᆞᆫᄃᆡ 苦心ᄒᆞᄂᆞᆫ 狀態잇ᄂᆞ니라. 그러면 列國의 政治家ᄂᆞᆫ 偏僻되히 現實的 政略을 崇尙ᄒᆞ고 平和, 正義, 人道라 ᄒᆞᄂᆞᆫ 觀念은 樂天家의 空想으로 認ᄒᆞ야 國家의 行動은 道理에 基因됨 보담 차라리 自己中心의 意思로써 起始됨으로 認ᄒᆞ고 民族的 偏頗心 民族的 習慣은 哲學者의 理論보담 政治家의 重視ᄒᆞᄂᆞᆫ 바이 되니라.

最近 政治傾向을 見ᄒᆞᆫ즉 列國은 更히 此 民族主義를 誇張ᄒᆞ야 民族的 帝國主義를 삼으며 그 活動의 範圍ᄂᆞᆫ 眞實노 極히 廣大ᄒᆞ니라. 大蓋 人口의 增加ᄂᆞᆫ 領土의 狹隘를 自覺ᄒᆞ야 彼等의 氣力과 機會의 許ᄒᆞᄂᆞᆫ 限에 世界表面에서 아모쪼록 多大ᄒᆞᆫ 土

地를 割取ᄒᆞ야 民族的 勢力과 그 財力를 發達케 ᄒᆞ며 셔로 海外異邦에 着眼ᄒᆞᄂᆞᆫ딕ᄶᅡ지 及ᄒᆞ나니라. 此 民族的 帝國主義의 實行者ᄂᆞᆫ 英國으로써 率先者라 稱ᄒᆞ니라. 英國은 世界에 跨在ᄒᆞᆫ 廣大ᄒᆞᆫ 領土를 有ᄒᆞ고 民族的 生活目的을 大成홈은 곳 그 殖民政策을 銳意實行ᄒᆞᆫ ᄯᅢ문이라. 列國은 일즉 英國을 利己貪慾의 國이라 罵ᄒᆞ더니 今엔 彼等도 ᄯᅩᄒᆞᆫ 〈49〉 英國을 傚顰ᄒᆞ야 아직 占領되지 아니ᄒᆞᆫ 世界表面에 向ᄒᆞ야 激烈ᄒᆞᆫ 土地分割의 競爭을 일삼ᄂᆞᆫ딕 至ᄒᆞ나니라.

此 領土擴張에 關ᄒᆞ야ᄂᆞᆫ 列國이 ᄯᅩᄒᆞᆫ 多少 道德上의 理由가 有ᄒᆞ다고 聲言ᄒᆞ야 曰,世界의 大部分은 그 天然力을 發達키 不能ᄒᆞᆫ 無智無能의 民族의 掌中에 在ᄒᆞ니 곳 一面으로셔ᄂᆞᆫ 列國의 人口가 年年增加홈을 隨ᄒᆞ야 遠隔ᄒᆞᆫ 地方의 天然的 富源을 開拓ᄒᆞ야 人類의 幸福을 不可不增進ᄒᆞᆯ 時에 際ᄒᆞ야ᄂᆞᆫ 劣等民族을 占領ᄒᆞ기 ᄯᅢ문에 無端히 是를 未開ᄒᆞᆫ 그딕로 暴殄홈은 天意를 背反ᄒᆞᆫ 故로 彼 優等民族은 此等의 劣等民族을 指揮監督ᄒᆞ야 그 生產을 增加ᄒᆞᄂᆞᆫ 方法을 不可不講하겟다고 하고 領土擴張을 圖謀하ᄂᆞᆫ 口實은 獨히 此에 不止ᄒᆞ며 彼等은 世界로써 가장 勢力잇ᄂᆞᆫ 人種의 相續ᄒᆞᆯ만ᄒᆞᆫ 財產이라 ᄒᆞ고 有力ᄒᆞᆫ 民族은 野蠻 又는 微力者를 逐斥ᄒᆞ야 領上를 占領ᄒᆞᆯ만ᄒᆞᆫ 天賦의 權利잇다고 主張하ᄂᆞ니라.

民族的 帝園主義ᄂᆞᆫ 領土를 獲得홈보담 更一層 깁히 貿易의 擴張에 就ᄒᆞ야 重大ᄒᆞᆫ 利害를 感ᄒᆞᄂᆞ니라. 故로 列國은 海外市場을 求ᄒᆞ기 ᄯᅢ문에 勉力ᄒᆞ야 航路를 保護ᄒᆞᄂᆞᆫ方針을 取ᄒᆞ고 此

와 互相關聯되야 海軍及石炭貿蓄所를 必要로 認홈에 至ᄒᆞ나 그러나 民族的 帝國主義를 實行ᄒᆞᄂᆞᆫᄃᆡ 가장 急激ᄒᆞᆫ 方法은 貿易殖民의 漸次 發達됨을 不待ᄒᆞ고 直히 邦土를 掠奪ᄒᆞ며 或 그 保護監督ᄒᆞᄂᆞᆫᄃᆡ 在ᄒᆞ니라. 斯와 如히 獲得ᄒᆞᆫ 領土를 支配ᄒᆞᄂᆞᆫ 手段이 不一ᄒᆞ야 埃及에 關ᄒᆞᆫ 英國의 統監策과 如ᄒᆞ고 支那에 關ᄒᆞᆫ 列國의 〈50〉 勢力圈劃定과 如히다 그 方法으로써 見ᄒᆞᆯ 것이라 抑量컨ᄃᆡ 勢力圈 或 利益圈이라 ᄒᆞᄂᆞᆫ 句語ᄂᆞᆫ 一國民이 他地方에 對ᄒᆞ야 政治上 保護權과 또ᄒᆞᆫ 宗主權을 不有ᄒᆞ고 單으로 貿易上 又ᄂᆞᆫ 工業上의 利益을 占有ᄒᆞᄂᆞᆫ 境遇에 適用ᄒᆞᆫ 바 되나 그러나 近時에ᄂᆞᆫ 他地方에셔 利益의 先取權을 意味홈과 如ᄒᆞ고 或은 政治上 監督權을 含有홈과 如히 認ᄒᆞᄂᆞ니 斯와 如ᄒᆞᆫ 政略은 全世界로써 文明諸國의 間에 分割ᄒᆞ기 得홈으로 信ᄒᆞᄂᆞᆫ 弊를 生ᄒᆞ고 其 結果로써 民族的 慾望을 過度히 獎勵홈에 至ᄒᆞ니라.

是를 要ᄒᆞ건ᄃᆡ 今日 列國은 地球表面에 아직 分割되지 아니ᄒᆞᆫ 바의 部分에 就ᄒᆞ야아모쪼록 夥多ᄒᆞᆫ 分配를 得ᄒᆞ랴 ᄒᆞ고 此 目的를 達ᄒᆞ기 爲ᄒᆞ야 如何히 急激ᄒᆞᆫ 手段이라도 敢히 遮코져 아니ᄒᆞ니라. 然則 彼等이 各各先取權을 得ᄒᆞ랴 ᄒᆞᄂᆞᆫ 事에 對ᄒᆞ야 競爭ᄒᆞᆫ 結果, 只今은 餘地가 甚히 不多ᄒᆞ니라. 於是乎 그 廣大ᄒᆞᆫ 天富를 有ᄒᆞ고 無數의 勞動者를 有ᄒᆞᆫ 亞細亞 方面을 占領ᄒᆞ야 未來의 工業的 中心이 되랴 ᄒᆞᄂᆞᆫ 計劃에 出ᄒᆞ니라. (未完)

-『대한학회월보』 제8호(1908. 10. 25.)

國文과 漢文의 關係

韓興教

今日吾人이 文字로 因ᄒᆞ야 享受ᄒᆞᄂᆞᆫ 利益은 不庸多言이어니와 大抵 人類社會가 形成된 以後, 生活의 方法이 逐漸複雜ᄒᆞ게 되야 드듸여 思想을 記現ᄒᆞᆯ 文字를 要求ᄒᆞ게 되니 於是乎埃及의 象形文字와 巴比倫의 楔形文字ᄀᆞᆺᄒᆞᆫ 一種의 記號가 發明되야 맛참ᄂᆡ 今日 西歐文字의 本源이 되얏스니 此ᄂᆞᆫ 다만 西文의 由來어니와 至若 東洋文字의 起源은 如何ᄒᆞ뇨. 黃帝時에 蒼頡이 비로소 圖畵的 文字를 造成ᄒᆞ엿스되 形體만 摸寫ᄒᆞ야 理解키 極難ᄒᆞ고 唐虞以後로ᄂᆞᆫ 蝌蚪文字ᄅᆞᆯ 用ᄒᆞ고 周初에 史籒ㅣ 비로소 大篆體로 改正ᄒᆞ나, 아직도 便利치 못ᄒᆞ야 秦時에 小篆과 隷書가 案出되얏고 漢 以後로 楷行草三體가 變遷되야 吾人의 只今實地應用上에 一大便宜를 與ᄒᆞ니 그 由來ᄒᆞᆫ 沿革을 稽考ᄒᆞ면 決코 一朝一夕에 容易造된 것은 아니ᄂᆞ 然이ᄂᆞ 文字의 煩疊ᄒᆞᆷ과 語尾의 無變ᄒᆞᆷ으로 令日 新 學術을 明瞭히 〈28〉 記出키 難ᄒᆞ니 此ᄂᆞᆫ 卽 漢字의 一大弊端이오 兼ᄒᆞ야 我國의 固有ᄒᆞᆫ 文字가 아님으로 不便不利ᄒᆞᆷ이 不遑枚述이라.

然이ᄂᆞ 我國文은 邦人의 固有ᄒᆞᆫ 思想을 記出ᄒᆞ기 爲ᄒᆞ야 自然ᄒᆞᆫ 理勢로 發見된 文字니 字數ᄂᆞᆫ 비록 日本假名(諺文)과 羅馬字보담 數多ᄒᆞᄂᆞ 習得키 容易ᄒᆞ고 應用에 便利ᄒᆞᆫ은 世界에

無比라 可謂홀지라 嗟홉다 何故로 邦人은 五百年來, 固有흔 文字를 無用件ㅈ티 專然棄置ᄒᆞ고 흔갓 他邦으로 輸入된 漢文만 崇尙ᄒᆞ야 四聲을 辯別ᄒᆞ고 八體를 學習ᄒᆞᄂᆞᆫ 間에 一平生을 虛度ᄒᆞ니 所謂 學究라 ᄒᆞ면 李村의 詩와 韓柳의 文에 不出ᄒᆞ니 何暇에 實學을 探究ᄒᆞ리오 맛ᄎᆞᆷᄂᆡ 數千年弊源이 滾滾濁流가 되야 末流의 弊가 드듸여 人民의 智識이 蒙昧ᄒᆞ야 今日 二十世紀上에 如斯히 腐敗흔 國勢를 自作ᄒᆞ얏스니 엇지 痛哭大息티 아니하리오 日本은 最後에 我國으로서 傳敎된 漢文을 移用ᄒᆞ야 假名을 製出ᄒᆞ며 和(日本)漢兩文의 調用法을 實施ᄒᆞ니 極히 簡括ᄒᆞ고 平易홀 ᄲᅮᆫ 아니라 西學의 翻譯에도 大效力이 有흔 고로 民智가 速히 發達되야 不過四十年에 歐米列强과 爭雄ᄒᆞ니 此로 因ᄒᆞ야 比較ᄒᆞ면 文字의 國家의 關係가 尋常티 아니홈을 可知ᄒᆞ리로다.

然而國漢文의 關係를 皮解ᄒᆞᄂᆞᆫ 者ᄂᆞᆫ 煩雜흔 漢文은 全廢ᄒᆞ고 簡易흔 國文만 收用홈이 便宜ᄒᆞ다 ᄒᆞ니 此ᄂᆞᆫ 그 詳細흔 裏由의 密接흔 關係를 不知홈이로다 何者오 我國文은 原來一般人民의 純粹흔 語音으로 組織되야 個字의 意味가 無홈으로 漢文과 併用ᄒᆞ여야 비로소 解繹이 分明ᄒᆞ니 萬一漢文과 調和키 不能ᄒᆞ면 엇지 言語上 說明을 得ᄒᆞ리오. 假令 孝悌忠信과 仁義禮智를 한갓 音으로만 人民을 敎育홀딘ᄃᆡ 〈29〉 무삼 意味가 其 中에 含有흔지 確知티 못홀디라. 由是로 現今 日本에셔ᄂᆞᆫ 漢文廢止ᄒᆞ댜ᄂᆞᆫ 論者가 起ᄒᆞ야 多年運動홀 ᄲᅮᆫ더러 甚至於國漢文을 幷廢ᄒᆞ고 純全히 羅馬字를 採用ᄒᆞ다 ᄒᆞ야 集會를 組織ᄒᆞ고 當局者의게 建

議ᄒᆞᆺ디 ᄒᆞ얏스나 時勢에 適當티 못흠으로 遽然히 實行되디 못ᄒᆞ니 以若 日本의 現勢로 오히려 如此ᄒᆞ거든 하믈며 漢文만 專尙ᄒᆞ든 我韓이리오. 此ᄂᆞᆫ 過度ᄒᆞᆫ 愚論이라 顧察ᄒᆞᆯ 必要가 更無ᄒᆞ거니와 오즉 時宜에 合ᄒᆞᆫ 者ᄂᆞᆫ 國漢文을 調和幷用ᄒᆞᄂᆞᆫ 一法ᄲᅮᆫ이라.

余의 論辯이 비록 庸怲ᄒᆞᄂᆞ 誠心으로 勸告ᄒᆞ노니 我國內同胞ᄂᆞᆫ 今日 二十世紀의 優勝劣敗ᄒᆞᄂᆞᆫ 形影을 猛察ᄒᆞ고 四十年來로 曰詩曰 賦ᄒᆞ던 習慣을 翻然改悟ᄒᆞ야 自慈以往으론 弊痼沈塞ᄒᆞᆫ 漢學腦髓에 新鮮ᄒᆞᆫ 空氣ᄅᆞᆯ 注入ᄒᆞ야 至簡至易ᄒᆞᆫ 國漢文調和法을 實施ᄒᆞ되 몬져 日本으로 前鑑삼아 早速히 歐米新學問을 硏究ᄒᆞ야 世界上 第一等文明國되기를 心香으로 劵祝ᄒᆞ고 葵誠으로 熱望ᄒᆞ노라.

-『대한유학생회학보』 제1호(1907. 3. 3.)

治家治國이 竝在乎教子

韓興教

大凡治家ᄂᆞᆫ 治國과 如ᄒᆞ고 教子ᄂᆞᆫ 教民과 如ᄒᆞ니 萬一, 人民된 者ㅣ 學問을 不知ᄒᆞ면 其國을 엇지 成立ᄒᆞ며 ᄯᅩᄒᆞᆫ 人子된 者

ㅣ 學問을 不修ᄒᆞ면 其家를 엇지 保存ᄒᆞ리오. 德國의 比斯麥은 其母의 貞正ᄒᆞᆫ 敎訓을 服從ᄒᆞᆫ 結果로 맛ᄎᆞᆷᄂᆡ 大宰相으로 擔任되야 盛大ᄒᆞᆫ 法蘭西를 征服ᄒᆞ야 舊讐를 雪恥ᄒᆞᆫ 고로 歐人은 모다 當時英雄이라 讚美ᄒᆞ얏고 米國의 華盛頓은 其父의 嚴重ᄒᆞᆫ 敎導를 順受ᄒᆞᆫ 結果로 맛ᄎᆞᆷᄂᆡ 大統領으로 被選되야 莫强ᄒᆞᆫ 英吉利를 擊退ᄒᆞ야 獨立을 創建ᄒᆞᆫ 故로 米人은 모다 不世의 偉人이라 稱頌ᄒᆞ얏스니 此를 觀ᄒᆞ면 家國의 興亡이 專히 敎子의 善否에 關ᄒᆞ엿다 云ᄒᆞ여도 可ᄒᆞ건마는 惟獨我韓은 數百年來로 그 父兄된 者ㅣ 모다 凌夷ᄒᆞᆫ 敎導와 頹敗ᄒᆞᆫ 風俗에 迷沒되야 〈8〉 그 子弟를 敎養ᄒᆞ되 ᄒᆞᆫ갓 虛文만 崇尙케 ᄒᆞ고 實學은 棄斥ᄒᆞ다가 그 長年에 及ᄒᆞ야 或 登科치 못ᄒᆞ면 居然一生을 草木과 同腐ᄒᆞ고 或 甚ᄒᆞᆫ 者ᄂᆞᆫ 自己의 富貴와 自己의 功名만 貪取ᄒᆞᄂᆞ라고 其 子弟를 不顧ᄒᆞ면 不肖ᄒᆞᆫ 子弟ᄂᆞᆫ 幼時로 自行自止ᄒᆞ야 學問은 仇讐로 同視ᄒᆞ고 그 長成에 及ᄒᆞ야ᄂᆞᆫ 더욱 放蕩無忌ᄒᆞ야 賭博妓酒로 東閃西忽에 日費萬錢ᄒᆞ되 其 父兄은 도모디 敎訓으로 化케 ᄒᆞᆯ 줄은 不知ᄒᆞ고 ᄒᆞᆫᄀᆞᆺ 罪責만 嚴重이 ᄒᆞ며 ᄯᅩᄒᆞᆫ 百慮千憂에 終是一策도 無ᄒᆞ니 이ᄂᆞᆫ 그 父兄된 者가 不學ᄒᆞᆫ 所致라 그 原因은 一一이 擧論키 難ᄒᆞ나 前日 鎖國時代에ᄂᆞᆫ 오히려 無怪ᄒᆞ건니와 外國交通以後로도 如此ᄒᆞᆫ 弊習이 尙存ᄒᆞ니 엇디 痛嘆치 아니ᄒᆞ리오.

古書에 有言호ᄃᆡ 一家興이면 一國이 興이라 ᄒᆞ고 又云호ᄃᆡ 人이오 無敎ᄒᆞ면 卽 禽獸에 近ᄒᆞ다 ᄒᆞ니 嗟흡다 我國人은 此等格言을 認矩ᄒᆞ고 敎子의 方策은 專然不施ᄒᆞ며 自意成人됨만 希

望ᄒᆞ니 是ᄂᆞᆫ 그 子弟를 禽獸로 同歸홈과 無異ᄒᆞᆫ디라.

大蓋泰西人은 教子ᄒᆞ되 幼時로붓터 그 資格에 適當ᄒᆞᆫ 學業을 教授ᄒᆞ야 他日에 足히 自營自活ᄒᆞᆯ 만ᄒᆞᆫ 材質을 養成ᄒᆞᄆᆡ 그 壯年에 至ᄒᆞ얀 如何ᄒᆞᆫ 事業을 經營ᄒᆞ든디 自手의 勞力으로 生活을 求ᄒᆞ고 先人의 餘蔭과 父祖의 遺産에ᄂᆞᆫ 依賴ᄒᆞᆯ 思想이 絶無ᄒᆞ거니와 오즉 我國은 不然ᄒᆞ야 一般父兄된 者가 그 子弟로 ᄒᆞ여곰 自手營活은 姑捨ᄒᆞ고 ᄒᆞᆫ갓 自己의 財産이나 多數貯藏ᄒᆞ야 後代에 德音을 遺傳게 ᄒᆞ며 或은 科門에 出身이나 시켜 一時의 榮耀을 圖得ᄒᆞᆯ저 ᄒᆞ고 그 子弟된 者ᄂᆞᆫ 依例이 父兄의 産業을 憑藉ᄒᆞ야 〈9〉 비록 逸居無教에 遊衣遊食ᄒᆞ야 十指不動ᄒᆞ야도 一身은 無慮라 ᄒᆞ야 그 驕傲侈靡ᄒᆞᆫ 惡習과 怠惰安逸ᄒᆞᆫ 弊風이 今日 我韓의 如斯히 殘弱ᄒᆞᆫ 國勢를 馴致ᄒᆞ얏스니 그 根源을 窮考ᄒᆞ면 ᄒᆞᆫ갓 그 子弟의 罪責ᄲᅮᆫ 아니라 其 父兄된 者도 그 罪責을 難逃ᄒᆞᆯ디로라. 余의 言辯이 極히 呶呶홈을 不顧ᄒᆞ고 全國內父兄된 者의계 切切이 忠告ᄒᆞ노니 往事ᄂᆞᆫ 모도 東流水에 付與ᄒᆞ고 寰宇의 現象을 闊眼猛察ᄒᆞ야 聰俊特出ᄒᆞᆫ 青年子弟로 一齊히 教育中 人物을 作ᄒᆞ면 不過幾年에 我韓의 文明을 可히 世界上에 表揚ᄒᆞᆯ디니 엇디 二千萬 人衆의 來頭無窮ᄒᆞᆫ 幸福이 아니리오.

-『대한유학생회학보』 제3호(1907. 5. 25.)

動物의 特性

韓興教

一 猛獸類란 곳 虎豹와 獅子等을 謂홈이니 그 天然的 銳利훈 爪牙와 剛勁훈 筋力으로 夜엔 村野에 橫行ᄒᆞ야 家畜을 掠食ᄒᆞ고 晝엔 山林에 陰伏ᄒᆞ야 幼子를 哺養ᄒᆞ니라.

如斯훈 獸類도 生存競爭과 愛保赤子의 方便을 熟知ᄒᆞ거든 ᄒᆞ믈며 四肢百體가 具備ᄒᆞ고 大小腦髓가 發達되야 萬物의 最靈最貴의 位에 處훈 人類야 엇지 十指를 不動ᄒᆞ고 飽煖을 要求ᄒᆞ며 千金을 徒惜ᄒᆞ야 子弟를 棄置ᄒᆞ리오. 嗟홉다 世間에 惑이러훈 尤物도 잇ᄂᆞ다.

二 象이란 陸陸地上最大훈 動物도 印度에 多産ᄒᆞ니 身高가 大畧一丈에 達ᄒᆞ고 足鈍項短ᄒᆞ야 取物키 不能ᄒᆞ고로 特別히 長鼻를 有ᄒᆞ고 蒭蕘를 捲食ᄒᆞ야 性이 溫和ᄒᆞ야 印度人은 牛馬와 如히 使用홈에 그 主人의 命令은 順聽ᄒᆞ나 或 他人이 索引훌 時에ᄂᆞᆫ 決코 服從치 아니ᄒᆞ니라.

可憎ᄒᆞ도다 人間社會에 或 主君을 背叛ᄒᆞ고 人下에 屈從ᄒᆞ야 自身의 榮耀만 耽求ᄒᆞᄂᆞᆫ 者야 同日에 論홈도 不可훌딘뎌.

三 駱駝란 亞弗利加洲의 沙漠地方에 産出ᄒᆞ니 頸脚이 共長ᄒᆞ고 性質이 柔和ᄒᆞ며 〈76〉 背上에 兩個肉塊가 聳出ᄒᆞ고 腹內에 若干胃囊을 包有ᄒᆞ야 數日食飮을 預充홈으로 沙漠에 旅行ᄒᆞ

ᄂᆞᆫ 土人이 專히 此ᄅᆞᆯ 利用ᄒᆞ야 物質를 相通ᄒᆞᆫ 故로 西人은 駱駝ᄅᆞᆯ 沙漠의 舟船이라 ᄒᆞ니라.

豫備를 不究ᄒᆞ고 當事에 汲汲ᄒᆞᄂᆞᆫ 愚迷人生들은 엇디 忝愧치 아니ᄒᆞ리오.

四 鯨이란 비록 水中에 生活ᄒᆞ야 外面은 魚類와 如ᄒᆞᄂᆞ 骨胳의 組織이 陸上動物과 殆同ᄒᆞ며 乳兒ᄅᆞᆯ 哺養ᄒᆞ고 肺腑로 呼吸ᄒᆞᄂᆞᆫ고로 海底에 오릭 潛伏키 不能ᄒᆞ야 間或水面에 出泳ᄒᆞ야 呼吸ᄒᆞᄆᆡ 怒濤激浪이 隨處奔騰ᄒᆞ니라.

吾人이 萬一에 如是ᄒᆞᆫ 巨物을 化作ᄒᆞ얏 더면 世界上濁亂ᄒᆞᆫ 政界를 大海로 灌注ᄒᆞ야 一滌刷新ᄒᆞ얏실글 [以上은 哺乳類]

五 鷄란 羽翼이 短小ᄒᆞ야 飛翔키 拙劣ᄒᆞᄂᆞ 雄은 後肢爪鋒이 極치 堅銳ᄒᆞ고 頭上에 冠幘을 戴ᄒᆞ며 性이 勇悍ᄒᆞ야 爭鬪를 善能ᄒᆞ니라.

地球上에 或微弱ᄒᆞᆫ 國民은 戰鬪心이 乏少ᄒᆞ고 自己의 快樂만 要求ᄒᆞ다가 맛ᄎᆞᄂᆡ 國敗身亡ᄒᆞᄂᆞᆫ 禍ᄅᆞᆯ 自招ᄒᆞᆫ 者ㅣ엇디 不如의 嘆이 無ᄒᆞ리오.

六 雷鳥란 日本高山中에 產出ᄒᆞ니 冬時에 羽毛가 雪色으로 隨變ᄒᆞ야 敵의 眼眸를 眩惑케 ᄒᆞᄂᆞᆫ 故로 此ᄅᆞᆯ 保護色이라 稱ᄒᆞ니라.

如斯ᄒᆞᆫ 微物도 自身을 保護ᄒᆞᆯ 쥴 알거든 又況人生이 自由生活을 不謀ᄒᆞ고 人의 계도로혀 依賴ᄒᆞᆯ가.〈77〉

七 傳書鳩란 羽翼이 廣大ᄒᆞ야 飛翔키 疾速ᄒᆞ며 處所ᄅᆞᆯ 잘 記憶ᄒᆞᄂᆞᆫ 고로 歐洲各國에셔 此ᄅᆞᆯ 多數飼養ᄒᆞ야 戰爭에 移用ᄒᆞ야

秘密ᄒᆞᆫ 音信을 通ᄒᆞ더니 近世에 無線電信이 비로소 發明된 後로 稍稍減少ᄒᆞ니라.

大抵國이오 遞信이 完全치못ᄒᆞ면 社會上智識을 如何히 交換케 ᄒᆞ리오 如是ᄒᆞᆫ 國은 迅速히 此鳥를 飼用ᄒᆞᆷ이 可ᄒᆞᆯᄯᅳᆺ

八 燕이란 鳴禽類의 一物로 美聲을 發ᄒᆞ고 構巢ᄒᆞᆷ이 頗히 奇巧ᄒᆞ며 氣候를 隨ᄒᆞ야 秋去春來호ᄃᆡ 반다시 舊巢를 歸尋ᄒᆞ며 害虫을 驅除ᄒᆞᄂᆞᆫ 고로 或人이 燕雛를 飼養ᄒᆞ야 實驗을 經ᄒᆞᆫ즉 一雙雌雄이 一日에 六千四百의 害蟲을 捕除ᄒᆞᆫ디라 故로 文明諸國에셔ᄂᆞᆫ 法律로셔 捕獲키를 禁止ᄒᆞᆷ에 此를 保護鳥라 稱ᄒᆞᄂᆞ니라.

世間에 或他人의 利益은 姑捨ᄒᆞ고 自身의 生活도 不究ᄒᆞᄂᆞᆫ 者야 엇지 優劣을 比較ᄒᆞ리오.

九 駝鳥란 熱滯地方에 多產ᄒᆞ니 羽翼이 頗히 淺短ᄒᆞ야 飛翔키 不能ᄒᆞᄂᆞ 後肢가 極히 强勁ᄒᆞ야 疾走키ᄂᆞᆫ 駿馬와 如ᄒᆞᆫ 고로 沙漠土人이 此를 容易히 獲得치 못ᄒᆞ더니 挽近米人은 多數使用ᄒᆞ야 巨車를 牽引케 ᄒᆞ니 엇디 怪異치 아니ᄒᆞ리오.

鳥의 羽翼은 人의 四肢와 同ᄒᆞᄂᆞ 此鳥ᄂᆞᆫ 獨히 飛翔키 不得ᄒᆞ고 다맛 疾行ᄒᆞᄂᆞᆫ 長技가 有ᄒᆞᆫ고로 敵의 妨害를 避ᄒᆞ건 마ᄂᆞᆫ ᄒᆞ믈며 四肢가 完全ᄒᆞᆫ 人生이 唯一ᄒᆞᆫ 技能도無ᄒᆞ야 他人의 羈絆에 屬ᄒᆞ리오. 〈78〉

十啄木鳥란 前後兩趾가 攀木ᄒᆞᄂᆞᆫᄃᆡ 頗히 適當ᄒᆞ고 口嘴가 强直ᄒᆞ야 樹幹을 穿孔ᄒᆞᄂᆞᆫᄃᆡ 極히 銳敏ᄒᆞ야 舌端이 細長ᄒᆞ야 曲鉤와 갓치 食木蟲을 釣獲ᄒᆞᄂᆞᆫᄃᆡ ᄯᅩᄒᆞᆫ 適當ᄒᆞᆫ 고로 人類의 養木

호 時에 害蟲을 殺除하는 利益을 與하니라.

吾儕가 萬一此鳥의 勁嘴利舌을 具有하얏더면 世間에 許多한 國蠹民蟊를 捕殺無遺할 것을. [以上은 鳥類] (未完)

-『대한유학생회학보』 제3호(1907. 5. 25.)

政治上으로 觀한 黃白人種의 地位(前 大韓學報 第九號 續)

「라인시 氏 略述」韓興敎 譯

第二. 列國의 東洋經營

案컨대 民族的 帝國主義의 思想은 世人의 心을 刺激하야 이것 싸문에 國際間의 軋轢을 增加하는 傾向이 有하니라. 列國은 英國으로써 世界를 英國化하랴 하는 野心이 有하다 하고 又는 露國으로써 世界統一의 慾望을 抱한 것이라 하니라. 勿論 露國은 元來 東羅馬帝國의 後繼者로써 任하는 故로 스사로 羅馬的 帝國主義를 政略의 標榜으로 삼고 英人 中에셔도 世界로써 英國風의 思想과 英國風의 政治를 採用케 할 時는 世界의 進步가 一層 著明하겟다고 唱導하는 者ㅣ 有하니라. 그러면 民族的 帝國主義에 熱中하는대셔는 英露 兩國間에 殆히 大差가 無하다 可謂할지오. 其他 德, 法과 如한 者도 다 不然함이 無하고 平和主義의 北米合衆國이라도 近時에 漸漸 그 傳來하던 宗敎的 主

義를 脫ᄒᆞ고 民族的 國家主義에 傾向이 有ᄒᆞᆫ 中이니라.

此 民族的 國家主義ᄂᆞᆫ 列國을 驅ᄒᆞ야 亞細亞 方面에 그 慾海를 注ᄒᆞᄂᆞᆫᄃᆡ 至ᄒᆞ니라. 如斯히 支那ᄂᆞᆫ 國際政略의 中心이 되니 然ᄒᆞᆫ즉, 그 爭點되ᄂᆞᆫ 利益의 範圍가 頗히 廣大ᄒᆞ야 世界文明의 未來에 大變動을 及케 ᄒᆞᆯ 結果ᄂᆞᆫ 形勢에 不免ᄒᆞᆯ 것이로다. 勿論 支那ᄂᆞᆫ 歐洲 諸國民의 食餌이라 彼等은 任意ᄃᆡ로 그 領土를 分割키 得ᄒᆞ다 ᄒᆞᆷ은 元來 妄見이로다. 列國이 支那로붓허 得ᄒᆞᆫ 讓與ᄂᆞᆫ 政治上 原因에 始ᄒᆞ얏고 或 政治上 性質을 帶ᄒᆞᆫ것 外에 그 範圍에 限定이 有ᄒᆞ고 從ᄒᆞ야 將來 그 地方에셔 完全ᄒᆞᆫ 政治上 權力을 樹立ᄒᆞ랴 ᄒᆞᄂᆞᆫᄃᆡᄂᆞᆫ 多額의 財貨를 費ᄒᆞ고 多量의 血을 流치 아니치 못ᄒᆞᆯ지라 然ᄒᆞ야도 如斯히 成功ᄒᆞᆷ과 否ᄒᆞᆷ은 未來의 問題에 屬ᄒᆞ니라.

彼의 勢力範圍를 定ᄒᆞᆫ 政略은 반다시 門戶開放의 政略에 撞着ᄒᆞᆫ 것이 아니오 歐洲列强의 解釋ᄒᆞᆫ 바를 據ᄒᆞᆫ즉 勢力範圍란 句語ᄂᆞᆫ 그 方面에셔 生命財產의 安固를 保存ᄒᆞ고 政治上 勢力으로써 經濟上 發達을 力助ᄒᆞ랴 ᄒᆞᄂᆞᆫ 意에 不外ᄒᆞ니 萬一, 各國이 勢力範圍 內에셔 商業上 自由競爭을 許ᄒᆞ고 또ᄒᆞᆫ 開港場을 不閉ᄒᆞᆯ ᄲᅮᆫ 아니라 益益 其 數를 增加ᄒᆞᆯ만ᄒᆞᆫ 事實이 잇슬ᄂᆞᆫ지 門戶開放을 곳 實際로 行ᄒᆞᄂᆞᆫ 中이니라. 그러코 萬一 歐洲列强 中 支那의 內部에셔 完全ᄒᆞᆫ 政治上 權力을 布蔓ᄒᆞ랴 ᄒᆞᄂᆞᆫ지, 그 容易ᄒᆞᆫ 業이 아님은 帝國內部의 事情에 徵ᄒᆞ야 明瞭ᄒᆞ다 可謂ᄒᆞᆯ지라. 大蓋, 支那內部의 人民이 歐洲 資本家의 利益 占有事業을 默視ᄒᆞᆷ과 否ᄒᆞᆷ은 未定ᄒᆞᆫ 問題니라 現今 露國과 밋 德國과 如

히 鐵道布設에 就ᄒᆞ야 種種ᄒᆞᆫ 障害를 受ᄒᆞᄂᆞᆫ 中이 아닌가.

文明의 事業이 支那에 盛興ᄒᆞᆯ가 支那內部에셔 實業的 革命은 早晩間에 免치 못ᄒᆞᆯ지라. 是로 由ᄒᆞ야 生ᄒᆞᄂᆞᆫ 바 民間의 苦痛은 반다시 外國干涉의 結果로 認ᄒᆞᆷ에 至ᄒᆞ리로다. 人 或 新事業이 支那에셔 發達될 時ᄂᆞᆫ 多數의 支那人에게 職業을 授與ᄒᆞᆷ이 可ᄒᆞ다 說ᄒᆞᄂᆞᆫ 者ㅣ 有ᄒᆞ나, 그러나 從來의 家業은 此를 爲ᄒᆞ야 不得不 廢頹ᄒᆞᆯ지어다. 鐵道工事와 如히 비록 一時 多數의 人民을 使用ᄒᆞᄂᆞᆫᄃᆡ 差異가 無ᄒᆞ나 一朝에 布設를 終ᄒᆞᆷ에 至ᄒᆞ야ᄂᆞᆫ 此等 工夫ᄂᆞᆫ 다, 그 職業을 不可不 失ᄒᆞᆯ ᄲᅮᆫ 아니라 鐵道의 布設完成을 告ᄒᆞᆯ 曉天에ᄂᆞᆫ 從來 種種의 運搬에 從事ᄒᆞ던 多數 人夫도 ᄯᅩᄒᆞᆫ 此를 爲ᄒᆞ야 그 職業을 失ᄒᆞᆯ 것이오. 又ᄂᆞᆫ 文明의 機械도 繼續 輸入되ᄂᆞᆫ 時ᄂᆞᆫ 從來의 職工이 一時에 其 業을 失ᄒᆞᆯ 것은 形勢에 不免ᄒᆞᆯ 바이라. 그러면 支那에셔 事業을 經營ᄒᆞ랴 ᄒᆞᄂᆞᆫ 者ᄂᆞᆫ 預先, 此等에 就ᄒᆞ야 覺悟ᄒᆞᆯ 바이 有ᄒᆞ리라. 何者오 ᄒᆞ면 如斯ᄒᆞᆫ 事態ᄂᆞᆫ 所謂 洋鬼의 所爲라 ᄒᆞ야 土人의 憎惡ᄒᆞᄂᆞᆫ 바이 될지로다.

要컨ᄃᆡ 各國의 干涉이 萬一 그 方法을 誤ᄒᆞᆯ 時ᄂᆞᆫ 支那事件이 愈愈 紛糾의 度를 增滋ᄒᆞ야 맛ᄎᆞᆷᄂᆡ 不拯ᄒᆞᆯ 境遇에 至ᄒᆞᆯ쥴은 瞭然ᄒᆞᆫ지라 萬一 支那를 發達進步코져 ᄒᆞ자면 深히 支那人民의 感情을 研究ᄒᆞ야 그 外國人間에 衝突을 不起케 ᄒᆞᆷ이 極히 肝要ᄒᆞ니라. 此와 同時에 確實ᄒᆞᆫ 方法으로써 支那政府를 引導ᄒᆞ야 行政司法의 改革을 不可不爲ᄒᆞᆯ지라. 萬一 現今에 不安固ᄒᆞᆫ 狀況이 永續ᄒᆞᆯ 時ᄂᆞᆫ 外國의 資本을 支那開發에 利用ᄒᆞᆯ만ᄒᆞᆫ 方案

은 到底히 立키 不能ᄒᆞ리니라. 英國은 從來, 北京政府가 强大國의 確實ᄒᆞᆫ 援助를 得ᄒᆞ야ᄂᆞᆫ 改革事業에 從事ᄒᆞᆯ만ᄒᆞᆫ 意思잇슴을 認ᄒᆞ야 中央政府의 權力을 增加ᄒᆞ야 此 事에 當ᄒᆞ기를 努力ᄒᆞᆫ다 ᄒᆞ나 北京에셔ᄂᆞᆫ 國際間 猜忌가 日노 甚홈으로써 是를 改革ᄒᆞ야 有機的 一大組織을 삼엄은 元來 不世出ᄒᆞᆫ 才能을 不可不 須ᄒᆞᆯ지라. 總理衙門은 對外約束을 締結ᄒᆞᄂᆞᆫᄃᆡ 躕躇치 아니ᄒᆞ나 그러나 他諸列國의 故障을 不拘ᄒᆞ고 約束을 實行케 ᄒᆞᄂᆞᆫ 威力이 無홈에ᄂᆞᆫ 毫末도 實效를 生ᄒᆞᆯ 것이 아니라, 다못 支那에셔ᄂᆞᆫ 地方官吏ᄂᆞᆫ 直接으로 人民에 接觸ᄒᆞ야 法律執行의 衝突에 當ᄒᆞᆯ지라. 故로 支那의 改革은 此等의 手를 經ᄒᆞ야 不可不 實行되ᄂᆞ니라. 此에 反ᄒᆞ야 中央政府될 것은 單으로 理想的 支那帝國의 一致를 代表ᄒᆞ고, ᄯᅩᄒᆞᆫ 主權者의 名義를 〈71〉 維持키 得ᄒᆞ면, 그 目的을 達ᄒᆞᆫ다 ᄒᆞ니라. 支那의 改革은 或 期望ᄒᆞ나 그러나 武力에 依ᄒᆞ야 支那領地를 割取ᄒᆞ야 歐洲列强의 所有物을 만달고자 홈은 專히 狂氣의 沙汰니라. 想컨ᄃᆡ 支那의 秘密結社ᄲᅮᆫ으로써도, 오히려 能히 歐洲列强의 此 計劃을 足히 妨遏ᄒᆞ리라. 支那人은 氣力잇ᄂᆞᆫ 人民이라 彼等은 幼時븟허 一日에 十二時 乃至 十四時間의 勞働을 例事로 知ᄒᆞ며 그 過去를 尊重히 녁이고 祖先을 崇拜ᄒᆞᄂᆞᆫ 習慣이 깁히 社會의 根底에 蟠居홈으로써 萬一 外來人種이 急激ᄒᆞᆫ 改革을 그 社會組織上에 施用ᄒᆞᄂᆞᆫ 者ㅣ 有ᄒᆞ면 彼等은 문득 激烈ᄒᆞᆫ 抵抗을 與홈은 必然ᄒᆞᆫ 理勢라. 萬一 四億人民이 그 家族을 防禦ᄒᆞ고, 그 文明을 維持ᄒᆞᆯ 目的을 爲ᄒᆞ야 一朝에 相率ᄒᆞ야 秘密結社에 入홈과 如ᄒᆞᆫ 事가 잇슬진ᄃᆡ 如

何흔 歐洲國民이라도 到底히 此를 征服키 不能흐리라. 그런고로 歐洲人으로써 그 勢力을 支那에 維持코져 흐자면 支那人의 習慣, 風俗, 感情을 傷흠이 無케 그 行政을 改革흘 方針을 不可不 執흘 것이라. 萬一 歐洲의 軍隊로써 法律의 維持, 秩序의 回復及叛逆者의 鎭壓에만 使用흘 者ㅣ 有흘가. 支那人民은 決코 此에는 抵抗치 아니흐리로다. 支那人民의 多數는 平和를 愛흐고 秩序를 重히 녁이는 人民이라. 그러면 歐洲의 國民은 危險을 冒치 아니흐야도 支那貿易의 公道로 掃淸키 得흐리라 然흐고 此目的을 達흐기 爲흐야 軍隊를 置흘 必要는 元來 自在흐니라. 如何오 흐면 支那에서 勢力을 得흐랴 흐는 時는 그 勢力範圍에 關흔 貿易을 保護치 아니치 못흘지니라.

譯者 曰 吁흐고 또 嗟흡다. 我韓 疆土는 亞細亞의 一部分이오 韓民族은 黃人種의 一派어늘 奈何今日에 如許흔 地位를 占흔가. 以上 述흔 바 黃白 兩人種의 競爭은 姑捨흐고 同種 中에셔도 保護란이 壓制란이흐니 常識이 有흔 者야 誰가 憤激치 아니흐리오. 余는 다만 一言으로써 決흐건딕 우리 國權을 完全히 回復흘 期限은 盟誓코 우리 同胞의 二千萬 心이 一心이 되고 二千萬 體가 一體가 되는 日이 될쥴 預信흐노라.

-『대한흥학보』 제1호(1909. 3. 20.)

我國 溫突의 利害

韓興敎

大凡 吾人人類는 生物學上 溫血動物(卽 魚類와 如혼 冷血動物에 對ᄒᆞ야 稱홈)의 一에 居혼지라. 故로 常에 全身 血液循環作用을 普通 溫度 三十六度 乃至 三十七度(攝氏)로써 營爲ᄒᆞᄂᆞ니 萬一, 이 原定혼 度에 超過 或 太히 不及ᄒᆞᆯ 境遇에는 該當 人體가 疾病 或 死亡을 免치 못ᄒᆞᆯ지라. 然혼즉 吾人人體에 一秒라도 可缺치 못ᄒᆞᆯ 것은 오작 溫이니라.

今에 漠然히 最上古時代의 穴에 居혼 理由를 想像컨ᄃᆡ 地中이 地上보다 溫暖홈을 取홈이오 其次엔 稍稍進步ᄒᆞ야 木을 搆ᄒᆞ야 巢를 作홈은 곳 外氣寒冷을 防遮홈이오 又 中古엔 漸大 進化ᄒᆞ야 宮室을 作홈에 바야흐로 吾人의 體溫과 밋 室溫을 共有ᄒᆞ얏거니와 其後 世界가 益益 文明홈에 至ᄒᆞ얀 그 外에 又 一層 加設ᄒᆞ니 卽 西洋의 煖爐와 我邦의 溫突과 其他 火爐等類와 如혼것인ᄃᆡ 就中 溫突은 我二千萬 兄弟姊妹가 모다 襁褓 中으로부터 今日ᄭᅡ지 生長혼 一大機關이 됨으로 綿密히 研究ᄒᆞᆯ 必要가 有ᄒᆞ나 그 由來는 未詳혼고로 後日 高明혼 人士를 待ᄒᆞ야 說明을 要ᄒᆞᆯ 것이오. 이제 余의 管見으로는 다만 그 比較的 方面과 밋 經驗的 方面으로 利害를 講究ᄒᆞ기 爲ᄒᆞ야 此題를 特揭홈이니 左갓치 利를 先言ᄒᆞ고 害를 後에 ᄒᆞ노라.

第一은 溫突의 利(經驗的 方面)

(가)溫은 全身 血液循環을 催進ᄒᆞᄂᆞᆫ 功用과 消化作用을 迅速케 ᄒᆞᄂᆞᆫ 效果가 有ᄒᆞ니라.

(나)疾病治療時에 發汗作用을 完全히 하ᄂᆞᆫ고로 如干感疾은 限一夜 間만 調攝ᄒᆞ야도 直히 效를 奏ᄒᆞ니라.(或云 日本脚氣病도 溫突에서 治療ᄒᆞ면 不幾日에 奏效ᄒᆞᆫ다 ᄒᆞᆷ)

(다)我邦은 大陸性 氣候를 因ᄒᆞ야 寒節을 當ᄒᆞ면 頗히 堪耐기 難ᄒᆞᆷ으로 閭巷寒士가 此 溫突을 賴ᄒᆞ야 凍死를 免ᄒᆞᄂᆞ니라.

(라)溫突의 材料ᄂᆞᆫ 土石에 不過ᄒᆞᄂᆞᆫ 고로 비록 極貧ᄒᆞᆫ 人이라도 廉價로 家屋을 搆成ᄒᆞ기가 容易ᄒᆞ니라.

(마)溫突을 設備ᄒᆞ기 爲ᄒᆞ야 家屋의 堅固ᄒᆞᆷ을 要ᄒᆞᆫᄂᆞᆫ고로 維持가 永久ᄒᆞ고 ᄯᅩᄒᆞᆫ 土石을 混用ᄒᆞᆷ으로써 火災蔓延의 患이 少ᄒᆞ니라.

(바)期夕炊爨ᄒᆞᄂᆞᆫ 同時에 室內가 溫暖ᄒᆞᆷ으로써 一擧兩得의 效力이 有ᄒᆞ니라.

二. 比較的 方面

(사)溫突은 大概 每日 三回式만 燃火ᄒᆞ면 冬天雨雪 中에 七旬老人이 바도 寒苦를 感치 아니ᄒᆞ거니와 西洋煖爐와 日本火爐 或 炬달(此를 「고닷쥬」라 稱ᄒᆞᆫᄃᆡ 火爐와 略似ᄒᆞ나 陶器 或 木製의 種類가 有ᄒᆞ니 大概 上渡邊通ᄒᆞᆷ으로 衾褥中에 設置ᄒᆞ야 寒을 禦ᄒᆞᆷ)의 手勞回數ᄂᆞᆫ 此에 幾十倍나 될지라. 故로 人工上 省略이 有ᄒᆞ니라.

(아)西洋煖爐와 밋 日本火爐 等은 炭素瓦斯(가수)가 室內

에 充滿ᄒᆞᆫ고로 人이 直接으로 害를 受ᄒᆞ거니와 溫突은 此를 缺ᄒᆞ니라.

第二. 溫突의 害(經驗的 方面)

(가)溫突은 室內 溫度가 恒常 適宜치 못ᄒᆞᆫ고로 初生兒가 往往히 皮膚의 發疹을 呈ᄒᆞ며 血行을 過히 促進ᄒᆞᆷ으로써 知覺神經이 鈍痲키 易ᄒᆞ니라.

(나)室溫이 過度ᄒᆞᆫ즉 人의 困睡를 惹起ᄒᆞᄂᆞᆫ고로 習慣性을 困ᄒᆞ야 맛ᄎᆞᆷᄂᆡ 怠慢性을 馴致ᄒᆞ니라.

(다)室內 空氣가 太히 乾燥ᄒᆞᆷ으로 呼吸器의 障害가 되야 往往히 喉症 及 氣管支炎을 生ᄒᆞᆯ뿐 아니라 夏節에ᄂᆞᆫ 濕ᄒᆞ기 易ᄒᆞᆷ으로 痔疾이 此에 原因되며 冬節엔 熱히 過多ᄒᆞᆷ으로 眼病이 流行ᄒᆞᄂᆞᆫᄃᆡ 至ᄒᆞ고 又 此에 加ᄒᆞ야 風俗이 溺江을 房內에 常置ᄒᆞᆷ으로써 此 尿의 蒸發ᄒᆞᆫ「암머니아」瓦斯가 室內에 充滿ᄒᆞ여도 此에 汚染ᄒᆞᆫ 人은 門戶를 深閉ᄒᆞ고 鼻息이 齁齁ᄒᆞ니 이 갓치 溫突이 엇지 衛生上 大蟊賊이 아니리오.

(라)門窓이 軒昻ᄒᆞ고 房室이 廣闊ᄒᆞ여야 其中에셔 棲息ᄒᆞᄂᆞᆫ 人으로 ᄒᆞ여금 爽快ᄒᆞᆫ 感을 與ᄒᆞ겟거ᄂᆞᆯ 此 溫突은 地와 連接치 아니ᄒᆞ면 溫을 持久키 難ᄒᆞ고 ᄯᅩᄒᆞᆫ 柴木上 經濟를 因ᄒᆞ야 廣居키 不能ᄒᆞᆷ으로써 一間房에 二三人 乃至 四五人이 寢食을 共히 ᄒᆞᄂᆞᆫ고로 萬一 其中 一人이 傳染病에 罹ᄒᆞ면 玉石俱焚의 患이 必有ᄒᆞ리니 엇지 可懼치 아니ᄒᆞ리오.

(마)溫突은 其上에 大槪 油紙 或 草薦 等을 敷ᄒᆞᆷ으로 該當物이 맛ᄎᆞᆷᄂᆡ 裂破ᄒᆞᆫᄃᆡ 至ᄒᆞ얀 微塵 中으로 細菌(病毒)이 飛散

ᄒᆞ다가 人의 呑ᄒᆞᆫ바 되면 病的 外因을 做成ᄒᆞᄂᆞᆫ고로 其 人이 不知不覺中에 疾患 或 死亡에 陷ᄒᆞᄂᆞ니라.(微塵 中에 ᄯᅩᄒᆞᆫ 蚤, 蝎, 蠅類의 卵이 包含되얏다가 其 適宜ᄒᆞᆫ 溫으로써 孵卵홈에 及ᄒᆞ야 甲의 病菌을 乙에 傳染ᄒᆞᄂᆞ니라)

(바)何國人을 勿論ᄒᆞ고 他一國의 文明을 觀察ᄒᆞᄂᆞᆫᄃᆡ 該人의 眼光에 先照홈은 곳 其國의 山林이어늘 我國의 山林에 至ᄒᆞ야ᄂᆞᆫ 外人은 姑捨ᄒᆞ고 自國의 常眼으로 觀ᄒᆞᆯ지라도 山林이 繁盛ᄒᆞ다고ᄂᆞᆫ 못ᄒᆞᆯ지니 如何ᄒᆞᆫ 原因으로 然ᄒᆞᆫ가 常識이 有ᄒᆞᆫ 者ᄂᆞᆫ 言論을 待치 아니ᄒᆞ야도 可詳ᄒᆞ러니와 余ᄂᆞᆫ 一言으로ᄡᅧ 決ᄒᆞ건ᄃᆡ 溫突의 惡結果라 ᄒᆞ노라. 何를 謂홈이뇨 古聖의 云ᄒᆞᆫ바 斧斤을 時로써 山林에 入ᄒᆞ면 林木을 可히 勝用치 못ᄒᆞ리라 ᄒᆞ얏스며 我邦俚諺에 曰호ᄃᆡ 此山 彼山이 모다 一竈口에 犧牲된다 ᄒᆞ얏스니 此ㅣ 엇지 格言과 善喩가 아니리오 然ᄒᆞᆯ뿐 아니라 ᄯᅩᄒᆞᆫ 貧民과 밋 樵夫ᄂᆞᆫ 樹林의 稺老를 不計ᄒᆞ고 斧斤으로 亂斫ᄒᆞ야 朝夕의 燃料供給에 急急ᄒᆞ니 엇지 山林이 長成ᄒᆞᆯ 餘暇가 有ᄒᆞ리오.

二. 比較的 方面

(사)溫突은 每日 燃用量이 西洋煖爐의 石炭과 日本火爐 等의 木炭量보다 少ᄒᆞᆫ듯 ᄒᆞᄂᆞᆫ 其 害ᄂᆞᆫ 甚 大ᄒᆞ니 何者를 指稱홈이뇨. 彼 石炭은 天産物이며 木炭은 長成ᄒᆞᆫ 材料인 고로 其 結果ᄂᆞᆫ 經濟上 大利益이 有ᄒᆞᄂᆞ니라.

(아)我國이 家屋도 此 溫突을 緣ᄒᆞ야 西洋과 日本갓치 十數層 或 二三層된 高樓巨閣을 營建치 못ᄒᆞ고 大略 矮小ᄒᆞᆫ 平屋에

生斯長斯ᄒᆞ니 雄大ᄒᆞᆫ 思想과 轄如ᄒᆞᆫ 度量을 抱有ᄒᆞᆫ 男兒가 엇지 輩出ᄒᆞ기를 期ᄒᆞ리오.

〔附錄〕

(ㄱ)衛生上 豫防法

(一)溺江을 室內에 一切 置치 못ᄒᆞᆯ 事

(二)房內에 盛水器를 置ᄒᆞ야 水蒸氣를 放散케 ᄒᆞᆯ 事

(三)床壁門窓을 時時 灑掃ᄒᆞᆯ 事

(四)朝夕으로 門戶를 廣開ᄒᆞ야 新鮮ᄒᆞᆫ 空氣를 流通케 ᄒᆞᆯ 事

(五)或 病人이 居ᄒᆞᆫ 室은 卽時 消毒ᄒᆞᆯ 事

(ㄴ)經濟上 豫防法 〈59〉

(六)石炭 或 柴草(國內產物을 指홈이오 價의 高下ᄂᆞᆫ 不計홈)를 積置ᄒᆞ얏다가 隨時 採用ᄒᆞᆯ 事

(七)國內 山林培養法을 實施ᄒᆞᆯ 事

余ᄂᆞᆫ 溫突을 絶對的 反對ᄒᆞᄂᆞᆫ 者ᄂᆞᆫ 아니언마는 以上 約述ᄒᆞᆫ 바 利害의 輕重을 比較ᄒᆞ건ᄃᆡ 國의 文明과 經濟上에 第一 重大ᄒᆞᆫ 關係를 有ᄒᆞᆫ 山林이 오직 溫突을 因ᄒᆞ야 滅亡ᄒᆞᆯ 證兆가 目下에 現出ᄒᆞᆫ지라. 換言ᄒᆞ면 萬一 此溫突이 不亡ᄒᆞ면 山林이 亡ᄒᆞᆯ 地境에 陷ᄒᆞ리라. 故로 相互間에 勢가 兩立치 못ᄒᆞᆯ 것은 智者를 不待ᄒᆞ야도 明確ᄒᆞᆯ지라. 그러나 古로붓허 只今ᄭᅡ지 慣用ᄒᆞᆫ 器關을 一朝一夕에 遽然히 廢止키 難ᄒᆞ니 國內同志 諸君子ᄂᆞᆫ 自今爲始ᄒᆞ야 溫突改良法을 着着 講究치 아니치 못ᄒᆞᆯ지어다.

-『대한흥학보』 제3호(1909. 5. 20.)

吊裵公文

挽洋生 韓興教

一問上天英士裵彼蒼無語月徘徊佐韓五歲聲何壯赴海三週志不摧森嚴秉筆春秋直懇篤諭人耳目開離離靑草楊花渡酹酒酬懷淚滿盃

-『대한흥학보』 제4호(1909. 6. 20.)

生物이오 自護的 本能을 不具ᄒᆞᆫ 者ㅣ 無ᄒᆞᆷ

韓興教

長堤 十里에 春風은 袖를 薰ᄒᆞ고 百花ᄂᆞᆫ 芳을 競ᄒᆞᄂᆞᆫᄃᆡ 蝴蝶은 空中에서 舞ᄒᆞ고 倉庚은 樹間에서 歌ᄒᆞᄂᆞᆫ지라. 詩人은 是를 吟ᄒᆞ며 畵工은 是를 寫ᄒᆞ야 平和的 一面春光을 賞ᄒᆞᄂᆞᆫ도다. 千千萬萬 不知不覺 中에 花間에셔 戱ᄒᆞ든 蝴蝶의 背後에ᄂᆞᆫ 蜘蛛가 巧히 網을 張ᄒᆞ야 此를 捕獲코자 ᄒᆞ며 梢ㅣ에셔 囀ᄒᆞ던 鳥雀의 頭上에ᄂᆞᆫ 鷹鸇이 目을 怒ᄒᆞ야 此를 睨視ᄒᆞᄂᆞᆫ지라.

嗚呼라 彼 微物의 運命은 岌岌ᄒᆞ고 業業ᄒᆞᄂᆞᆫᄃᆡ 詩人과 밋 畵

工과는 徒然히 這般生物노 더부러 平和의 天地에 逍遙ᄒᆞ야 悠然히 自然을 樂ᄒᆞᄂᆞᆫ 것에 不過ᄒᆞ나 그러나 是ᄂᆞᆫ 〈52〉 畢竟 片時春夢과 如ᄒᆞᆫ 空想에 止ᄒᆞᆯᄯᆞ람이라.

大蓋 生物界ᄂᆞᆫ 一刹那이로ᄃᆡ 平和安樂으로 做成됨이 아니오 同種이 셔로 爭鬪ᄒᆞ며 異族이 셔로 殺戮ᄒᆞᆷ으로써 自己의 生存을 保全케 ᄒᆞᆷ이라. 그러나 生物이 그 生命을 維持ᄒᆞ고 種族을 繼續ᄒᆞ랴 ᄒᆞᄂᆞᆫ 自然的 本能을 完全히 保有케 ᄒᆞᆷ에ᄂᆞᆫ 반다시 外敵에 對ᄒᆞ야 能히 抵抗ᄒᆞ며 能히 防禦ᄒᆞᄂᆞᆫ 裝置가 不無ᄒᆞᆯ지라. 故로 介蟲類의 硬殼을 被ᄒᆞᆷ과 爬蟲類의 毒液을 分泌ᄒᆞᆷ과 烏賊의 墨汁을 吐ᄒᆞᆷ과(此ᄂᆞᆫ 自己 口中으로 墨汁을 吐出ᄒᆞ야 水을 濁케 ᄒᆞᆷ으로뼈 敵을 避ᄒᆞ니라)豪猪의 全身에 刺棘을 生ᄒᆞᆷ과 猛虎의 爪牙를 具ᄒᆞᆷ과 요魚의 電氣를 發生ᄒᆞᆷ으로씨(此ᄂᆞᆫ 自己 腹中으로 電氣를 放ᄒᆞ야 敵을 眩惑케 ᄒᆞᆷ이라)모다 是를 徵ᄒᆞ니라.

所謂 天地間 萬物의 靈長이 되야 優秀ᄒᆞᆫ 智力과 敏銳ᄒᆞᆫ 感覺을 有ᄒᆞᆫ 우리 人生이야 엇지 自働的 保護를 營爲치 못ᄒᆞ고 츰아 被働的 保護를 甘受ᄒᆞᆯ 者ㅣ 有ᄒᆞ리오.

今에 假令 一牧人이 有ᄒᆞ야 牛羊을 飼養ᄒᆞ되 朝朝暮暮로 極力保護ᄒᆞᄂᆞᆫ 目的은 그 乳와 밋 毛과를 取ᄒᆞ야 利益을 占ᄒᆞᆷ에 有ᄒᆞ다가 萬一, 一朝에 其人이 必要ᄒᆞᆫ 境遇에 迫ᄒᆞ야ᄂᆞᆫ 彼等을 犧牲에 供ᄒᆞᄂᆞᆫ 日이 맛츰ᄂᆡ 不無ᄒᆞᆯ지라.

恐ᄒᆞ건ᄃᆡ 斯와 如히 今日 一甲國이 某乙國을 保護ᄒᆞᄂᆞᆫ 政策도 ᄯᅩᄒᆞᆫ 此에 不外ᄒᆞ리라 ᄒᆞ노니 江湖同志 諸君은 모렴직이 透明有光ᄒᆞᆫ 雙眼中 水晶體를 相照ᄒᆞ야 十分 猛省ᄒᆞ기를 萬千 熱

望ᄒᆞ노라.

-『대한흥학보』 제4호(1909. 6. 20.)

自强

韓興教

西哲이 有言호ᄃᆡ 人이 自由에셔 生ᄒᆞ고 自由에셔 死ᄒᆞᆫ다 ᄒᆞ니 此 自由란 何를 謂ᄒᆞᆷ이뇨. 무릇 人生이 呱呱의 聲을 發ᄒᆞᆫ 以后로붓허 天賦ᄒᆞᆫ 禀性을 善히 保有ᄒᆞ기 爲ᄒᆞ야 幼時에ᄂᆞᆫ 他人의 保護 卽 父母의 愛育을 被ᄒᆞ얏다가 그 長成ᄒᆞᆷ에 及ᄒᆞ야ᄂᆞᆫ 自由生活 卽 他人의 保護를 受치 아니ᄒᆞ고 獨自生活을 營爲ᄒᆞᄂᆞᆫ 것이니 此를 能行ᄒᆞ쟈면 不可不 首先에 揭載ᄒᆞᆫ 바 問題와 如ᄒᆞᆫ 自强 卽 自强 不息的 精神을 完全히 保有치 아니ᄒᆞ고ᄂᆞᆫ 決코 自由生活과 밋 自由活動을 始終이 如一케 營爲치 못ᄒᆞᆯ 것은 聖訓과 賢論를 待치 아니ᄒᆞ야도 常識에 徵ᄒᆞ야 判斷ᄒᆞᆯ 것과 如ᄒᆞ니라.

嗟홉다. 我韓人은 往往히 自强的 精神을 汎忽이 녁이고 依賴的 思想이 腦髓에 癒結ᄒᆞ야 從來 一身을 他人의 奴隷下의 犧牲ᄒᆞ며 自國을 視호ᄃᆡ 越이 秦瘠을 視ᄒᆞᆷ과 無異ᄒᆞ게 ᄒᆞ야 茶飯恒言ᄒᆞ기를 小國이 大國을 事ᄒᆞ며 弱者가 强者에게 屈ᄒᆞᆷ은 自然的 常理라ᄒᆞ야 〈16〉 他人이 髡鉗ᄒᆞ야도 敢히 一言을 發치 못ᄒᆞ

며 鞭撻ᄒᆞ야도 敢히 其頭를 擧치못ᄒᆞ야 猛刑을 飴糖갓치 甘受ᄒᆞ며 毒令을 秋霜갓치 恐怕ᄒᆞ니 個個 人民의 思想이 如斯ᄒᆞ고야 其 國이 엇지 亡치 아널 者ㅣ 有ᄒᆞ리오.

不佞이 今年 夏期 歸省 中에 最히 注目 ᄒᆞᆫ 바ᄂᆞᆫ 近來 所謂 自治 團云云者가 地方에 蜂起ᄒᆞ야 稱 曰 自治的 制度라 ᄒᆞ고 溝壑에 거의 轉케 된 殘民에게 賦課稅를 每月督收ᄒᆞ야 外人의 交際니 晩餐會니 ᄒᆞ면셔 任意로 濫費ᄒᆞ고 公衆事業에 至ᄒᆞ얀 비록 一件 事라도 可觀ᄒᆞᆯ 바이 無ᄒᆞ며 ᄯᅩᄒᆞᆫ 一個 該 地方官으로써 政治上 妨害니 官令에 順從치 아니ᄒᆞᆫ다니 ᄒᆞ고 解散ᄒᆞ기ᄭᆞ지 運動ᄒᆞ야 命令을 嚴下ᄒᆞ야도 該 自治團 領首된 者ᄂᆞᆫ ᄒᆞᆫ갓 自已一身의 私慾과 名分만 膠守ᄒᆞᆯ쥴 覺悟ᄒᆞ고 其 團의 存亡과 公衆에 對ᄒᆞᆫ 責任은 全然히 不顧ᄒᆞ니 是가 엇지 自治團의 領首될 人物이며 是가 엇지 自治的 制度라 ᄒᆞ리오. 不佞이 其 弊源된 內容을 深窺ᄒᆞ건ᄃᆡ 다만 自强的 精神이 缺乏ᄒᆞᆫ 緣故라 ᄒᆞ노라. 何를 指稱ᄒᆞᆷ이뇨. 此 自强의 反對에ᄂᆞᆫ 依賴的 思想과 畏怯的 根性이 隱隱히 包含되얏ᄂᆞ니 人을 依賴ᄒᆞ며 人을 畏劫ᄒᆞ고야 自治란 自一字를 何處에 覓求ᄒᆞᆯ슈 有ᄒᆞ리오. 萬一 此에 反ᄒᆞ야 自强的 精神을 人人個個히다 保存ᄒᆞᆯ 것 갓타면 비록 天傾地坼ᄒᆞ고 山崩海漲ᄒᆞ야도 足히 憂慮ᄒᆞᆯ 것이 無ᄒᆞ며 白刃이 當前ᄒᆞ고 矢石이 雨下ᄒᆞ야도 足히 畏懼ᄒᆞᆯ 것이 無ᄒᆞᆯ 것이니 엇지 是를 凡視ᄒᆞ며 엇지 是를 抛棄ᄒᆞ리오.

恐컨ᄃᆡ 此 自强 二字ᄂᆞᆫ ᄒᆞᆫ갓 自治團 僉彦의 良師될 ᄲᅮᆫ 아니라 將來를 經營ᄒᆞᄂᆞᆫ 우리 靑年諸君의 造次鎭沛間이라도 可히 忘치

못홀 唯一無二의 秘訣이 될가 ᄒᆞ노라.

-『대한흥학보』 제6호(1909. 10. 20.)

梵寺新聲

韓興敎

此 梵魚寺ᄂᆞᆫ 不佞의 生長ᄒᆞᆫ 東萊府 北二十里許에 在ᄒᆞᆫ 嶺南 巨刹인ᄃᆡ 金井山 第一 勝槩를 모다 此 地에셔 賞覽ᄒᆞ겟도다. 其 東에 鷄鳴峰이 聳出ᄒᆞ얏ᄂᆞᆫᄃᆡ 其 巓上 鷄鳴菴에 登臨ᄒᆞᆫ즉 水營 海ᄂᆞᆫ 眼界를 爽闊케 ᄒᆞ고 其 南에 元曉菴이 兀起ᄒᆞ니 此 菴은 昔 新羅 名臣 薛聰 父 元曉大師의 禪學을 工夫ᄒᆞ던 處所인 故로 後世에 其 名이 尙存ᄒᆞ얏ᄂᆞᆫᄃᆡ 菴의 前後 左右에 石壁이 參差ᄒᆞ야 迨히 金剛山을 想像ᄒᆞ겟스며 其 外 數多ᄒᆞᆫ 庵子의 景槪ᄂᆞᆫ 一一히 記載ᄒᆞ기 未遑ᄒᆞᆫ 最中靑蓮菴은 鷄鳴峰北에 在ᄒᆞᆫᄃᆡ 澗水로 枕을 삼고 竹林으로 籬를 作ᄒᆞ며 菴中에 有名ᄒᆞᆫ 老釋混海堂이 卜居ᄒᆞᆫ지 年久歲深ᄒᆞᆷ에 特히 一閣을 營建ᄒᆞ야 嶠南第一講堂이라. 揭書ᄒᆞ고 各處 僧侶 學徒를 募集ᄒᆞ야 敎育ᄒᆞᄂᆞᆫ 지라. 不佞이 此 老釋과 一面의 交가 有ᄒᆞᆷ으로써 今年 夏期에 靜養次로 强히 訪問ᄒᆞ야 經夏ᄒᆞ기를 請ᄒᆞᆫᄃᆡ 其 人이 快諾ᄒᆞ거ᄂᆞᆯ 行李를 停下ᄒᆞ니라. 其 翌日에 主釋이 不佞에게 要請ᄒᆞ기를

此 處 僧侶 學生이 新識에 缺乏ᄒᆞ야 現世 文化를 夢 中에도 想見치 못홈이 大段痛嘆ᄒᆞᄂᆞᆫ 中인ᄃᆡ 幸히 今에 君을 歡對ᄒᆞ니 弊菴에 滯留홀 期限에 苦勞를 不顧ᄒᆞ고 每日 幾時間式 新學問을 教授ᄒᆞᄂᆞᆫ 것이 엇더ᄒᆞ뇨 ᄒᆞ거늘 不侫도 ᄯᅩᄒᆞᆫ 感激히 녁여 直히 許諾ᄒᆞ고 卽 日붓허 算術, 日語, 體操 等 數科로 夏期 講習會를 組織ᄒᆞ니 講習生이 十數人이라. 每日 三時間式 教授ᄒᆞᄂᆞᆫᄃᆡ 創設之初가 되야 諸般設備가 도모지 缺乏홈으로 塗板은 白紙로 粉筆은 毛筆노 學鐘은 佛鈴으로 冊床은 小盤으로 代用ᄒᆞ고 休暇가 되면 或 松風에 露頂도ᄒᆞ며 或 清溪에 沐浴도ᄒᆞ야 於焉間에 三週日을 經過ᄒᆞ니 歸路가 已催ᄒᆞᆫ지라. 試驗問題를 提出ᄒᆞ야 成績을 閱看ᄒᆞᆫ즉 如斯ᄒᆞᆫ 短時日에 九九法도 不知ᄒᆞ던 者가 乘除를 能通ᄒᆞ며 加減도 不知ᄒᆞ던 者가 四則을 解得ᄒᆞ니 엇지 可驚홀만ᄒᆞᆫ 長足進步가 아니리오. 무릇 僧侶난 山中에셔 生長ᄒᆞ야 鬱密ᄒᆞᆫ 森林속에서 清潔ᄒᆞᆫ 空氣와 甘冽ᄒᆞᆫ 泉水를 吸홈에 精神이 敏活ᄒᆞ고 腦髓가 健全ᄒᆞ야 一을 聞ᄒᆞ면 十을 知홀만ᄒᆞᆫ 才能을 具有ᄒᆞ얏기에 如此ᄒᆞᆫ 短期에 稀有의 美績을 呈ᄒᆞ얏거든 況 幾年間 學校에 入ᄒᆞ야 受學ᄒᆞ얏시면 畢竟無上ᄒᆞᆫ 優等成績을 現出홀 것은 此로 推ᄒᆞ야 可知홀지라.

不侫이 篇末에 臨ᄒᆞ야 熱誠으로 冀望ᄒᆞ노니 全國內 僧侶 諸君은 早速히 此에 觀感ᄒᆞ며 此에 奮起ᄒᆞ기를

末附贈混海堂詩一首

法界高人此卜居眞緣頗重會心初疊雲深處傳言藥靜水寒宵不食魚萬壑暄騰松雨打一菴孤絶竹風踈衆生苦海天如闊願得慈

航濟勿餘

-『대한흥학보』 제6호(1909. 10. 20.)

國民의 科學的 活動을 要홈

挽洋生 韓興敎

現下內國情況을 或 目으로 睹ᄒᆞ며 或 耳로 聞ᄒᆞᆫ 者ㅣ 誰가 生活難生活雜이라 ᄒᆞᄂᆞᆫ 話柄을 作치 아니ᄒᆞ며 ᄯᅩᄒᆞᆫ 實例를 證ᄒᆞ야도 우리 二千萬家族社會中에도 此等狀態에 陷치 아니ᄒᆞᆫ 者ㅣ 幾個나 有ᄒᆞ뇨. 이럼으로 各種 報紙上에ᄂᆞᆫ 是를 筆히 禿ᄒᆞ도록 寫出ᄒᆞ며 幾多言論場에ᄂᆞᆫ 是를 舌이 焦토록 吐盡ᄒᆞ얏스나 往往히 口頭釋恒茶飯으로 歸ᄒᆞᆯ ᄲᅮᆫ이니 實로 慨歎홈을 不勝ᄒᆞ깃도다. 誰던지 何에던지 其 救濟ᄒᆞᆯ 方針을 具體的으로 指論ᄒᆞᆫ 者ㅣ 殆히 無홈이니 故로 今에 本記者ᄂᆞᆫ 淺見薄識을 不拘ᄒᆞ고 如斯ᄒᆞᆫ 大問題 卽 難問題에 對ᄒᆞ야 敢히 一言을 呈코자 ᄒᆞ노니 豁意寬大ᄒᆞ신, 우리 帝國同抱ᄂᆞᆫ 特히 此點을 容納ᄒᆞ시고 今後로븟터 同志僉彦은 共히 此 問題를 잘 解決ᄒᆞ기를 滿腔熱誠으로 渴望ᄒᆞ노라.

第一 保守的 主義

此에 就ᄒᆞ얀 人人個個히 各其職務의 當行ᄒᆞᆯ 바를 行ᄒᆞ며 當

守홀 바를 守ᄒᆞ야 몀처 自家를 善良이 保存ᄒᆞ며 밋 自國을 永遠히 維持케 홀 主義인데 此를 具體的 方面으로 論及ᄒᆞ건ᄃᆡ 大概如左ᄒᆞ니 (가) 瞖學界(醫農工商의 順을 從흠) 此ᄂᆞᆫ 現時狀態로써 觀홀진ᄃᆡ 아즉 萎靡不振ᄒᆞ야 殆히 學論홀 바이 無ᄒᆞ나 不佞도 將來에 此 醫學界로써 活動코져 ᄒᆞ며 ᄯᅩᄒᆞᆫ 自量호ᄃᆡ 我韓目下急務로서도 醫學의 右에 出홀 者 殆無ᄒᆞ다 ᄒᆞ야도 過言이 아닐 줄 信ᄒᆞ노니 斯界에 從事ᄒᆞᆫ 僉彦의 特히 注意홀 바ᄂᆞᆫ 何에 在ᄒᆞ뇨. 愚論을 待치 아니ᄒᆞ야도 明瞭ᄒᆞ려니와 現今外國으로 븟허 本邦에 渡來ᄒᆞᆫ 空囊客들이 往往히 一攫千金의 手段으로 京鄕要塞處에 所謂 醫院이니 藥鋪이니 ᄒᆞᄂᆞᆫ 것이 到頭에 相望ᄒᆞ야 非理의 利益과 不法의 行動을 逞ᄒᆞ니 我邦人은 맛당히 此에 反ᄒᆞ야 高尙ᄒᆞᆫ 資格과 眞正ᄒᆞᆫ 目的으로써 一層改良ᄒᆞ야 誠心做去ᄒᆞ면 其勢가 반다시 我掌中에 歸홀 것이 分明ᄒᆞ니 以上은 醫學家의 責務이오.

(나) 農學界 農이란 것은 從來我邦에셔 第一大本으로 知흠으로써 此에 對ᄒᆞ얀 多少間 發達ᄒᆞᆫ 點도 有ᄒᆞ고 ᄯᅩᄒᆞᆫ 我邦輸出品의 首位를 占ᄒᆞ얏스나 現世新發明된 農學이 按出ᄒᆞᆫ 바 되야 그 精密ᄒᆞ고 完全ᄒᆞᆫ 法이 自來經驗的模範에 比홀 바이 아님으로 隣邦의 農戰隊가 삽을 荷ᄒᆞ며 鎌을 橫ᄒᆞ고 續續襲來ᄒᆞ야 地를 拓ᄒᆞ며 民을 殖코자 ᄒᆞ거든 我邦人은 此에 一層奮勵ᄒᆞ야 假令 外人이 一畝를 耕ᄒᆞ거든 我ᄂᆞᆫ 十畝를 耕ᄒᆞ면 쟝찻 大成功과 好結果를 得ᄒᆞ리니 以上은 農業家의 責任이오.(此外水產, 鑛產諸業도 亦然흠)

(다)工業界 此도 또한 我韓의 古代에 最히 發達된 거은 外人의 口頭로 恒言흔 바이나 近世에 降ᄒᆞ얏 漸次退縮흔 狀態를 呈ᄒᆞ니 此際를 當ᄒᆞ야 東西各邦으로봇허 精巧흔 工藝品이 輻輳並進흠에 全國의 經濟가 迨히 此를 因ᄒᆞ야 罄竭ᄒᆞ니 엇지 痛嘆치 아니ᄒᆞ리오. 自今으론 彼와 如흔 工藝品을 着着히 模倣造成홀지니 卽 陶器唐鑛(석낭)類와 其外日用品이오 또흔 可及的 內國産만 使用케 ᄒᆞ고 外國産을 減少케 ᄒᆞ면 外邦輸入이 漸次退却ᄒᆞ야져 可懼흔 工戰隊에 對抗ᄒᆞ야 最後勝利를 占홀지니 以上은 工業家의 責任이오.

(라)商業界 商業이란 것은 我邦慣習上으로 從ᄒᆞ야 此를 賤業으로 排斥흔 結果 今日과 如히 可憐흔 狀態에 陷ᄒᆞ얏거니와 此에 反ᄒᆞ야 東西列强은 近世文明을 隨ᄒᆞ야 商學이란 것을 緻密히 硏究흔 外에 所謂 商戰隊의 勢力이 日노 盛ᄒᆞ야 是로써 他民族을 奴隷로 使ᄒᆞ며 他邦國을 領土로 認흔 者ㅣ 其例不少ᄒᆞ니 그 엇지 可懼可畏홀 事이 아니리오. 果然 商業界에 有志흔 者이어든 此를 能히 對抗홀 能力이 有흔가 無흔가 춤 疑雲萬疊中에 在홀 뿐이로다. 然ᄒᆞ나 自後로는 決斷코 汎視치 못홀 것이니 맛쌍이 磨拳擦掌ᄒᆞ야 商戰隊를 一棒打破홀 勇氣를 養蓄ᄒᆞ야 奮鬪前進흔즉 外商戰隊는 自然崩潰ᄒᆞ야 畢竟 白旗下에 降伏홀 수 밧게 無ᄒᆞ니 特히 商界에 有志흔 諸彦은 此에 크게 注意홀지어다.

第二 出稼的 主義

(가)醫, 農, 工 三學界는 아직 幼穉ᄒᆞ야 別노 出稼的 方面까

지 進行홀 餘地가 無ᄒᆞ기에 此ᄂᆞᆫ 省略홈.

（나）商學界 此에 就ᄒᆞ얀 不可不以上兩方面으로 並行홀 必要가 有ᄒᆞ니 何者를 謂홈이뇨. 大抵 商業은 ᄒᆞᆫ갓 一國經濟에만 制限홀 ᄲᅮᆫ 아니라 國際間貿易 卽 輸出輸入에 大關係가 有ᄒᆞ거든 況此時갓히 金融이 枯渴ᄒᆞ고 經濟가 恐慌ᄒᆞᆫ 地境을 當ᄒᆞ야 第一重大ᄒᆞᆫ 責任을 雙肩上에 擔荷ᄒᆞᆫ 商業家 卽 經濟家되고야 엇지 內國에 在ᄒᆞ야 다만 保守的 主義에만 傾向홀 ᄊᆞ람이리오. 모름즉이 外邦에 對ᄒᆞ야 出稼的 主義 卽 實利的 行動으로ᄡᅥ 可及的 本邦과 隣接ᄒᆞ고 ᄯᅩᄒᆞᆫ 物産이 豊富ᄒᆞ며 金融이 充溢ᄒᆞᆫ 露領海蔘威와 支那滿洲에 陸續海渡ᄒᆞ야 快手段大經營으로 商界舞臺에 活動ᄒᆞ면 그 莫大ᄒᆞᆫ 利源이 白頭山下로 連注ᄒᆞ리니 如斯히 ᄒᆞ어야 可히 全國經濟를 維持홀ᄉᆡᆨ ᄒᆞ노니 以上은 商業家의 責任이니라.（다만 此 問題에만 着目ᄒᆞ야 論홀진ᄃᆡ 其 重要緊急홈이 上의 逆準곳 商工農醫의 次序가 될 줄을 反思ᄒᆞ노라）

其外最重最大ᄒᆞᆫ 責任을 有ᄒᆞᆫ 者ᄂᆞᆫ 곳 士이라. 士ᄂᆞᆫ 本來國의 元氣가 됨으로 能히 以上 四業을 摠括홀 만ᄒᆞᆫ 權衡을 執홀인즉 士된 者ᄂᆞᆫ 더욱 一層奮勵ᄒᆞ야 上述ᄒᆞᆫ 物質的 方面으로 以ᄒᆞ야 精神的으로 全國青年을 指導홀 任務가 確有ᄒᆞ다 ᄒᆞ노라.

上項에 陳述ᄒᆞᆫ 바이 極히 簡單ᄒᆞ고 沒趣味ᄒᆞ야 一瞥見에 可採홀 要點이 無ᄒᆞᆫ 듯ᄒᆞ나 決코 不然ᄒᆞ니 目今全國經濟가 極端에 達ᄒᆞ야 거의 生活難을 絶叫ᄒᆞ나 如斯ᄒᆞ다고 十指를 不動ᄒᆞ고 坐而待死ᄒᆞ겟는가 不佞은 다만 古人의 箴言을 擧ᄒᆞ야 此篇

을 結코자 ᄒᆞ노니 ᄭᅩᆺ「陷之死地而後에 生」이라 ᄒᆞ며「誠心所到에 何事不成」고 ᄒᆞ니 江湖同志僉彦은 모름즉이 此에 留神猛省ᄒᆞᆯ지어다.

-『대한흥학보』 제11호(1910. 3. 20.)

한형석 연보

1904년 부친 한흥교 동래 삼락학교(三樂學校) 졸업 후 일본으로 유학, 도쿄 세이소쿠중학교에서 수학.

1906년 한흥교, 일본 오카야마의학전문학교 입학.

1910년 한흥교, 오카야마의학전문학교 졸업, 부산 최초의 양의(洋醫)가 됨.

1910년 2월 21일 부산시 동래구 교동 401번지에서 출생.

1911년 10월 24일 한흥교, 중국 상하이 망명을 위해 일본 요코하마에서 출항.

1911년 11월 한흥교, 중국 상하이 적십자 구호대에 입대 후 신해혁명 참가. 이후 혁명군 지도자 쑨원을 만나 한국독립운동 지원을 부탁.

1912년 7월 한흥교, 상하이에서 신규식, 조성환과 함께 독립운동 단체 동제사(同濟社) 조직. 이후 베이징으로 활동 무대를 옮겨 베이징의학전문학교 교수로 근무. 독립운동가 유동열의 권총을 보관해 주다가 적발되어 다시 상하이로 돌아옴.

1913년 10월 한흥교, 러허로 건너가 러허웨이수병원 병원장에 취임 뒤 참전. 토원운동(討袁運動) 과정에서 체포령이 떨어져 상하이로 탈출.

1914년 한흥교, 상하이에서 신규식과 같이 하숙하면서 독립운동 전개. 중국 의사면허 취득 후 천동동제의원(天東同濟醫院) 개원.

1915년 한흥교, 중국인 친구 장즈신(蔣志新)의 도움으로 자싱에 진료소 차리고 농촌 의료 개선사업 전개.

1915년 5월 어머니, 형, 삼촌과 함께 상하이에서 부친 상봉. 이후 10개월 동안 자싱에서 생활.

1916년 3월 한흥교, 부친 위독 소식에 일가족 데리고 귀국. 고향 동래에 대동병원 개원 후 그해 말 일제 감시를 피해 중국 베이징으로 다시 망명.

1917년 한흥교, 베이징으로 가족을 불러들임. 그해 7월 한흥교 신채호와 함께 상하이에서 발표된 ‘대동단결선언’의 발기인 명단에 이름을 올림.

1919년 형과 함께 육영소학교(育英小學校)에 입학.

1919년 6월 한흥교, 신채호와 함께 베이징과 톈진의 청년 학생들이 주축이 된 대한독립청년단 조직. 신채호가 단장을, 한흥교가 부단장을 맡음.

1921년 한흥교, 조선공화국정부(대통령 이상룡) 학무총장에 선임.

1923년 한흥교, 신숙, 김원봉 등과 의열단 거사에 참여.

1924년 한흥교, 다물단(多勿團) 창립 주도. 한형석 육영소학교 졸업, 노하중학교 진학. 한흥교 한교자치회를 대신해 조직된 한교동지회 임시집행위원으로 선정.

1925년 한흥교, 배천택과 함께 비밀결사인 ‘앞잡이사(導報社)’ 조직, 기관지 『앞잡이』 간행.

1926년 노하중학교 졸업, 노하고급중학교 입학.

1927년 한흥교, 부친 한규용 작고로 귀국. 한형석에게 학자금과 고향 흙 한 줌, 명주 태극기 한 장을 주고 졸업 후 만주로 가서 의학을 공부하라고 당부.

1929년 한흥교, 동래에서 대동의원 개원, 의료봉사활동 전개. 한형석 노하고급중학교 졸업.

1929년 9월 조성환 권고로 상하이 신화예술대학 진학.

1930년 한흥교, 동래지역에 결성된 경오구락부에 참여.

1932년 윤봉길 상하이 의거, 일본군 시리카와 요시노리(白川義則) 대장 등 다수 사상.

1933년 한흥교, 아내와 함께 만주로 망명. 신화예술대학 졸업, 무훈중학교 예술 및 영어교사로 부임.

1934년 산둥행정인원훈련소 교관 위촉, 산둥성립여자사범부속소학교로 전근. 첫 작품 〈신혁명군가(新革命軍歌)〉 발표.

1937년 첫 종합예술작품인 〈리나〉 발표, 중국 예술계로부터 찬사받음.

1937년 중일전쟁 발발. 중국희극학회 소속 제2항일연극대장으로 대일항전 계몽 공작 전개.

1938년 옌안 루쉰예술학원 소속 예술원들과 함께 〈황화강〉, 〈일출〉 공연.

1939년 중국 34집단군 제10사 정치부 공작대장에 임명, 중조산 전투 참여. 중국 국민정부 군사위원회 전시공작간부훈련단 제4단 음악교관에 임명, 부교육장 장젠런(蔣堅忍) 장군이 작사한 〈전사가〉 작곡. 나월환 충칭에서 한국청년전지공작대 재조직. 한국청년전지공작대 입대, 예술조장에 임명.

1940년 『신가극삼곡집』 출간. 시안 남원문 실험극장에서 항일가극(오페라) 〈아리랑〉 전 3막 초연. 대한민국임시정부 산하에 한국광복군 창설.

1941년 한국청년전공작대 한국광복군 제5지대에 편입.

1942년 한국광복군 제5지대가 제2지대로 개편(지대장 이범석). 나월환 사망. 한국광복군 제2지대 예술부장 겸 산시보육원예술학교 교장에 임명.

1943년 한국광복군 제2지대 선도위원회에서 『한국광복군가집』 1, 2 출간. 한형석 중국인 소프라노 강엽과 시안에서 결혼. 슬하에는 아들 한적수, 한가수 둠.

1944년 한국광복군 제2지대 선전대장과 중국희극학회 부회장에 임명. 한국항전선전공작을 위해서 서북 각지를 순회하며 공연.

1945년 한미합동 OSS 특수공작훈련 이수. 시안에서 광복을 맞이함. 산둥성 지난지역 특파원으로 한국 국적 장병과 교포의 귀국사업 전개.

1946년 한홍교, 타이위안지구 교민과 일본군 징집 청년들을 인솔하고 귀국.

1948년 칭다오항에서 미군 LST편으로 귀국.

1950년 부산문화극장장에 임명.

1950년 6 · 25전쟁 발발.

1952년 부산에서 강호전(姜好田)과 결혼.

1951년 영화 〈낙동강〉 기획에 참여.

1952년 사재로 아동극장 창립.

1953년 장녀 주수 출생.

1953년 한국자유아동극장 창립.

1955년 국립부산대학교 문리대학 촉탁 강사 재임.

1956년 한국산악회 경남지부 이사.

1956년 차녀 연수 출생.

1956년 부산대학교 문리대학 전임강사 재임.

1958년 삼녀 태수 출생.

1960년 삼남 종수 출생.

1961년 해외 학술교류 시찰(대만, 태국 방콕).

1963년 대만 사범대학 국문연구소에서 중국문학 연구. 독립유공자로 대통령 표창. 한국연극협회 초대 부산지부장 역임.

1964년 사남 정수 출생.

1964년 논문「민간연극의 연원에 대한 특질(皮簧戱的淵源與特質)」 발표.

1965년 문교부 대학교원자격 취득(제259호).

1967년 한홍교 작고(향년 86세). 독일 하인리히 뤼브케 대통령 부산방문 기념행사 총기획자.

1967년 부산대학교 조교수 승진.

1968년 부산대학교 문리과대학 제2외국어과 학과장 취임.

1969년 탈극 〈순절도〉(전6막) 출판(부산민속예술보존회). 논문「한국 가면극의 새로운 시도」,「동서상의 희극성을 논함(論 '董西廂'的戱劇性)」 발표.

1970년 부산대학교 교양과정부 조교수. 논문「원곡에 대한 민간연극 희극적 영향(元曲對皮簧戱的影響)」 발표.

1971년 제13회 눌원문화상 수상.

1971년 부산 광복동 보리수 다방에서 〈충무공추모서예전〉 개최.

1972년 부산대학교 부교수 승진. 경남 충무시에서 〈충무공추모서예전〉 개최. 서울 국립공보관(제2전시실)에서 이충무공 탄신 제427주년 기념 〈충무공추모서예전〉 개최.

1974년 동래기영회 가입.

1975년 부산대학교 부교수로 정년퇴임. 국민훈장 모란장 수상.

1977년 건국포장 수상.

1979년 부산광복장학회 설립, 창립회장 역임.

1980년 부산 상록수합창단 단장.

1990년 건국훈장 애국장 수상.

1996년 작고(향년 87세). 양산 솥발산 공원묘지에 안장.

참고문헌

사료, 정기간행물

〈신한민보〉

〈중외일보〉

〈중외일보〉

〈매일신보〉

〈부산일보〉

〈아동문화원 제87년차 사업보고서〉 1955년 8월.

서국영, 「부산의 예술혼-먼구름 한형석」 〈부산일보〉 2000년 10월 18일.

한국광복군 제2지대 선도위원회, 『광복군군가』 제1집, 1943.

장로석, 「문화극장론-복구에의 제언」, 『극장문화』 제2호, 1954.

한형석, 「광복 30년 회상의 사진 한 장-문화극장장 시절」 〈부산일보〉 1975년 8월 28일.

한형석, 「나의 人生 나의 보람」

한원석, 「동래사람-나의 인생 회고」, 『동래저널』 제1호, 1991.

단행본

김준엽, 『長征, 나의 광복군 시절』 나남출판, 2003.

김정명, 『조선독립운동』 2, 原書房, 1967.

국사편찬위원회 편, 『韓民族獨立運動史資料集』 30권, 국사편찬위원회, 1997.

유자명,『유자명 수기: 한 혁명자의 회억록』 독립기념관 한국독립운동연구소, 1999.
독립군가보존회,『광복의 메아리-독립군가곡집』 독립군가보존회, 1982.
부산근대역사관,『먼구름 한형석의 생애와 독립운동』 부산근대역사관, 2006.
부산직할시사편찬위원회,『부산시사』 4권, 부산직할시사편찬위원회, 1991.
손염홍,『근대 북경의 한인사회와 민족운동』 역사공간, 2010.
이정식 · 김학준,『혁명가들의 항일회상』 민음사, 2005.
정정화,『長江日記』 학민사, 1998.
정화암,『어느 아나키스트의 몸으로 쓴 근세사』, 자유문고, 1992.
채근식,『武裝獨立運動秘史』 대한민국공보처, 1949.
한시준,『韓國光復軍硏究』, 일조각, 1993.
한유한,『신가극삼곡』 신중국문화사, 1940.
홍영철,『부산영화 100년』 한국영화자료연구원, 2001.

논문 및 기사

김정미,「北京軍事統一會議 연구」,『대구사학』 60, 2000.
김창욱,「한형석과 항일음악」,『먼구름 한형석의 생애와 독립운동』, 부산근대역사관, 2006.
박환,「만주지역 대한청년단연합회의 성립과 활동」,『한국민족독립운동사의 제문제』, 김창수교수화갑기념사학논총간행위원회, 1992.
____,「1920년 중반 북경지역 다물단의 성립과 활동」,『한국민족운동사연구』 33, 2002.
百潔,「西安에서 활동 인 한국의 아들딸들」,『한국청년』 제3기, 1941년 6월 10일.
백현주,「한유한의 가극 〈아리랑〉의 음악적 특징에 관한 고찰 - 작곡가의 필사본을 중심으로」, 한국예술종합학교 석사학위논문, 2012.
서국영,「부산의 예술혼-먼구름 한형석」, 부산일보(2000년 10월 18일).

孫艶紅,「의사 한흥교(韓興敎)의 중국에서의 독립운동(1910~1920년대)」, 『한국근현대사연구』 89, 2019.
이상헌,「해방 후의 예술 활동」,『먼구름 한형석의 생애와 독립운동』, 부산근대역사관, 2006.
이중연,『신대한국 독립군의 백만용사야』, 혜안, 1998.
조규태,「1920년 중반 재북경 創造派의 民族唯一黨運動」,『한국민족운동사연구』 37, 2003.
______,「1920년 재북경 대구 · 경북인의 국민당 활동」,『대구사학』 100, 2010.
梁志善,「항일가극 〈아리랑〉을 통해 본 한유한의 예술구국활동」,『한국근현대사연구』 83, 2017.
하유식,「중국에서의 예술구국활동」,『먼구름 한형석의 생애와 독립운동』, 부산근대역사관, 2006.
한형석,「한국가면극의 새로운 시도」,『탈극 순절도』, 부산민속예술보존협회, 1969.
______,「광복 30년 회상의 사진 한 장-문화극장장 시절」, 부산일보(1975년 8월 28일).

외국자료 및 논저

吳雙芹,『抗敵演劇隊延安戲劇運動』, 西北師範大學碩士學位論文, 2009.
楊昭全等 編,『關內地區朝鮮人反日獨立運動資料匯編』上,下 2권, 遼寧民族出版社, 1987.

기타

金在勝,『藝術救國의 광복군, 먼구름 韓亨錫』(초고), 2006.

찾아보기

한형석 평전

초판 1쇄 발행 2020년 11월 5일

지은이 장경준
기획 (재)부산문화재단
펴낸이 강수걸
편집장 권경옥
편집 박정은 김해림 윤은미 강나래 최예빈
디자인 권문경 조은비
펴낸곳 산지니
등록 2005년 2월 7일 제333-3370000251002005000001호
주소 부산시 해운대구 수영강변대로 140 BCC 613호
전화 051-504-7070 | 팩스 051-507-7543
홈페이지 www.sanzinibook.com
전자우편 sanzini@sanzinibook.com
블로그 sanzinibook.tistory.com

ISBN 978-89-6545-677-3 03990

* 책값은 뒤표지에 있습니다.
* 이 도서의 국립중앙도서관 출판예정도서목록(CIP)은 서지정보유통지원시스템 홈페이지(http://seoji.nl.go.kr)와 국가자료공동목록시스템(http://www.nl.go.kr/kolisnet)에서 이용하실 수 있습니다.(CIP제어번호: CIP2020045128)
* 이 책은 '부산문화재단 먼구름 한형석 탄생 110주년 기념사업'의 일환으로 제작되었습니다.